basteln, lachen, selbermachen

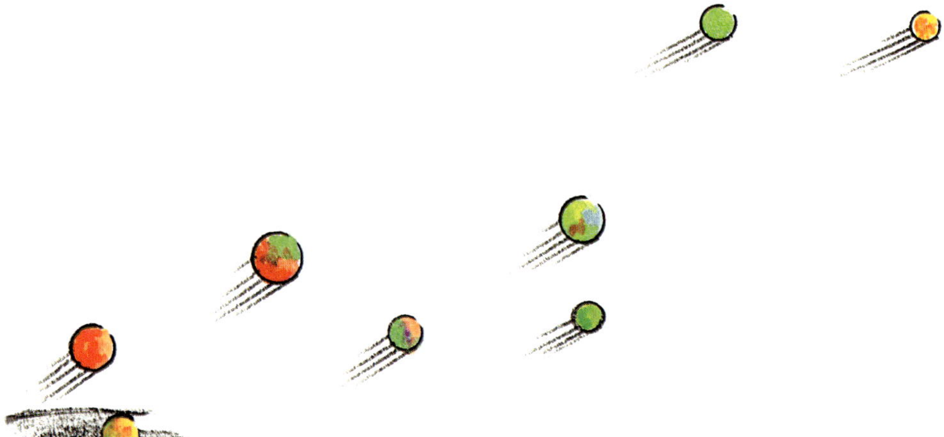

Stefan Lemke

basteln, lachen, selbermachen

K. Thienemanns Verlag

Ein selbstgebasteltes Vorwort von mir für Dich

*Liebe(r) *........,*

dieses Buch habe ich für Dich ausgedacht, gezeichnet, gebastelt und geschrieben, und ich würde mich freuen, wenn es Dir gefiele. Warum ich das Buch gemacht habe, möchte ich Dir hier erklären. Du denkst sicher, daß man Spielzeug eher kaufen sollte, als sich die Mühe zu machen, es selbst zu basteln. Aber Selberbasteln ist viel spannender und macht viel mehr Spaß. Warum? Ganz einfach: was Du selbst gebastelt hast, gibt es nur einmal auf der ganzen Welt! Auch wenn Deine Freunde das gleiche basteln, sieht jedes Spielzeug doch wieder anders aus. Du besitzt damit etwas, was sonst niemand hat.
Ein paar Dinge kannst Du dabei auch lernen. Zum Beispiel, wie man einen Nagel in ein Stück Holz hämmert oder mit der Kneifzange wieder herauszieht, wenn er krumm geworden ist. Du erfährst, wie du ein Loch bohren oder ein Stück Holz absägen kannst. Ich habe für Dich alle wichtigen und nötigen Werkzeuge zusammengestellt und aufgezeichnet (S. 6/7). Wer viel bastelt, kann bald geschickt damit und mit den verschiedenen Materialien (Papier, Pappe, Stoff, Holz, Eisen, Draht, Styropor...) umgehen. Das ist wichtig!
Aber es gibt noch etwas sehr Wichtiges: die Phantasie. Alle Kinder haben Phantasie, aber Du mußt sie pflegen, genauso wie eine Blume. Wenn Du Deine Phantasie nicht ab und zu benutzt, verkümmert sie. Je mehr Du siehst, fühlst, hörst, riechst, schmeckst, anfaßt und kennenlernst, je mehr Du liest, bastelst und spielst, um so mehr blüht Deine Phantasie. Und Phantasie ist ein wichtiger Bestandteil des Lebens, der es reicher, farbiger und vielfältiger macht.
So, jetzt aber Schluß mit der langen Vorrede, denn sicher willst Du endlich anfangen zu basteln!

Liebe Grüße

Stefan Lemke

* hier mußt Du Deinen Namen hinschreiben

Tips für den Bastler

Das Wichtigste ist die Krims-Krams-Kiste

Für deine Materialsammlung brauchst du eine Holzkiste oder einen stabilen Pappkarton. Alles, was dir schön und nützlich erscheint, sammelst du in deiner Krims-Krams-Kiste: bunte Knöpfe, Stoffreste, leere Garn- oder Schmuckbandrollen, Gummibänder, Pappröhren, Plastik- oder Papierblumen, Wäscheklammern, Perlen, Murmeln, schöne Steine, Federn, Glöckchen, Ping-Pong-Bälle, Blumendraht, farbige Postkarten, kleine Spiegel, alte Hüte, Kleidungsstücke und, und, und ...

Grundausrüstung eines Bastlers

Hammer, Flachzange, Kneifzange, Bohrer, Laubsäge, Fuchsschwanz, Schere, Schraubendreher, Holzbohrer, Schmirgelpapier, Taschenmesser, verschiedene Nägel und Schrauben brauchst du, um die verschiedenen Objekte aus diesem Buch (und vieles andere) basteln zu können. Dein Vater oder deine Mutter leihen dir sicher ihr Handwerkszeug und zeigen dir, wie man damit umgeht.

Material

Maschendraht, Holz, Gips, Draht, Dekofolien und Farben kaufst du am besten in einem Baumarkt, einer Baustoffhandlung oder in einem Heimwerker-Geschäft.

Sperrmülltag ist ein großer Tag für Bastler

Wenn die Leute ihren Sperrmüll zum Abholen auf den Bürgersteig gestellt haben, untersuche sorgfältig, ob noch etwas Brauchbares für dich dabei ist – zum Beispiel ein alter Stuhl, ein Schränkchen, ein altes Fahrrad, ein Wäschekorb, Bilderrahmen, Spiegel... Laß dich durch die Dinge zu neuen Phantasie-Objekten anregen. Sicher fällt dir einiges ein, was du daraus machen kannst.

Wo man sonst noch kostenlos Material bekommt

In Tapeten- und Schreibwarengeschäften, Lichtpausereien oder Kopierläden, Supermärkten oder Einzelhandelsgeschäften kannst du nach alten Kartons, Verpackungsmaterial oder Pappröhren fragen. Auch bei Schrotthändlern läßt sich mancher Schatz entdecken. Was für viele Abfall ist, ist für dich wichtiges Baumaterial.

Gipsbinden selbstgemacht

Aus Windeln, dünnen Leinentüchern, alten Hemden und billigen Baumwollstoffen (Kunstfasern sind ungeeignet! Aufs Material achten!) kannst du Gipsbinden selbst herstellen. Stoff einfach in Streifen schneiden und in Gipsbrei tauchen.

KLEINE WERKZEUGKUNDE FÜR BASTLER

LAUBSÄGE
LAUBSÄGE-ARBEITSBRETTCHEN
ZWINGEN
FEIN
GROB
SÄGEBLÄTTER
HEFTPFLASTER
SCHRAUBENDREHER
KREUZSCHLITZ SCHRAUBENDREHER
SCHNEIDEMESSER
PAPPE
KLEINSCHRAUBSTOCK
HOLZ
HOBELBANK
SCHLICHTHOBEL
STEMMEISEN
SCHMIRGELPAPIER (GROB + FEIN)
2 METER ZOLLSTOCK
SCHRAUBE
KREUZ-SCHLITZ
A
B
A
B
NÄGEL:
SCHRAUBEN
A: FLACHKOPF
B: RUNDKOPF
FLÜGELMUTTER
HOLZFEILE
HOLZRASPEL
GEWINDESCHRAUBE
WASSERWAAGE

Der Autor

Stefan Lemke ist einer der kreativsten und vielseitigsten Künstler, die mit großem Engagement für Kinder arbeiten. Fragt man nach seinem Beruf, muß er erst tief Luft holen, denn die Liste seiner Tätigkeiten ist lang: Buchgestalter, Kinderbuchautor, Illustrator, Fotograf, Grafiker, Bildergeschichten- und Trickfilmgestalter. Mehr als zehn Jahre lang war er zudem Dozent an der Fachhochschule Düsseldorf im Fachbereich Design.

Er gestaltet Lehrbücher für Grund- und Realschulen und für Gymnasien, Kindersendungen für das Fernsehen (Sendung mit der Maus), Bilder-, Kinder- und Sachbücher, außerdem Spiele, Plakate und Buchumschläge. Seine Bücher kann man in mehr als 15 Ländern kaufen, und viele seiner Arbeiten wurden im In- und Ausland ausgezeichnet, zum Beispiel im Rahmen des Deutschen Jugendliteraturpreises.

Stefan Lemke sagt über sich selbst: „Ich kann noch staunen, träumen und bin sehr neugierig. Meine Kindheit habe ich nicht vergessen, und meine Hoffnungen auch nicht. Darum arbeite ich am liebsten für Kinder."

Inhalt

Murmeln

Wenn es Frühling wurde, nahmen früher die Kinder ihre Murmelsäckchen und gingen nach draußen. Auf Straßen und Höfen wurde geschussert und jedes Kind versuchte, die bunten Tonschusser und die vielfältig gestalteten Glasmurmeln der anderen im Spiel zu gewinnen. Mit Murmeln haben bereits die Römer gespielt, und auch die Ägypter. Man fand diese kleinen Kugeln sogar in den Gräbern der Kinder zur Zeit der Pharaonen – vor mehr als 5000 Jahren also. Wo sind sie geblieben? Wie konnte dieses vielleicht älteste Kinderspiel der Welt in Vergessenheit geraten?
Manchmal sieht man die farbigen Kugeln aus Glas, Marmor oder Ton noch in Spielzeuggeschäften. Bunte Vergangenheit, verpackt in kleine Netze. Nicht mehr so schön wie früher, aber sie sind noch nicht völlig vergessen – es gibt bloß kaum noch einen geeigneten Platz für dieses einfache und doch so schöne Spiel.
Die Straßen sind gefährlich geworden, die Bürgersteige mit Autos zugeparkt, die alten Hinterhöfe verschwunden. Alles ist gepflastert, asphaltiert und zubetoniert. Man kann mit dem Schuhabsatz keine Kuhle in den Asphalt bohren.

Früher klimperten und klickten die Murmeln in jeder Hosen- oder Schürzentasche. Die einfachen Tonkügelchen, oft abgenutzt, mit verwaschenen Farben, die prachtvollen Glasmurmeln mit den phantastischen farbigen Schlieren im Innern, oder die Marmormurmeln – wertvoll glänzend und poliert. Das waren die Murmeln der reichen Kinder. Ihr Besitz war kostbar, einmal beim Spiel errungen, verschwanden sie als Schatz in der Geheimkiste.
Es gab glasklare Kugeln, in denen kleine Figuren eingeschlossen waren. Es gab die Limo-Glaskugeln im Inneren einer Limonadenflasche. Man mußte erst die Flasche zerschlagen, um an sie heranzukommen. Es gab auch kleine Eisenkugeln, meist dann, wenn der Vater in einer Fabrik arbeitete.

Die Murmeln heute sind nicht mehr so kostbar, keine Einzelstücke, oft Industrieware. Aber ich zeige dir, wie man sich selbst originelle, einfache und doch schöne Murmeln basteln kann. Jede einzelne wird von Hand geformt, liebevoll bemalt und lackiert.
Laß sie wieder rollen, die Murmeln, Klicker und Schusser!

MATERIAL:

MODELLIERMASSE (DAS, FIMO USW) *

PLACA, ACRYLFARBE, PINSEL

TASCHENMESSER *

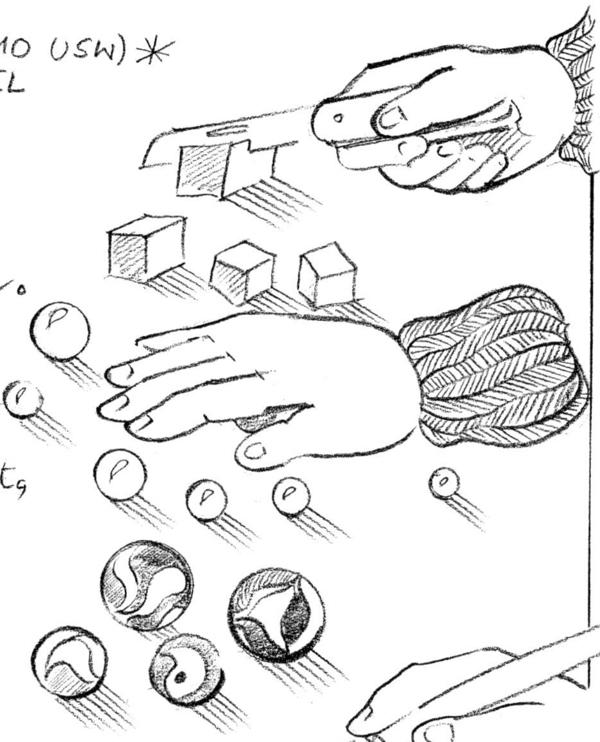

1. Schneide aus der Modelliermasse verschieden große viereckige Stückchen.

2. Rolle mit der flachen Hand die Masse zu kleinen Kugeln.

3. Wenn du Fimo nimmst, drücke verschiedene Farben ineinander und rolle sie zu einer Kugel. Die fertigen Kugeln werden im Backofen getrocknet (siehe Anleitung). Kugeln aus anderem Material an der Luft trocknen lassen und bemalen. Transportiere deine Murmeln in einem Zitronennetz.

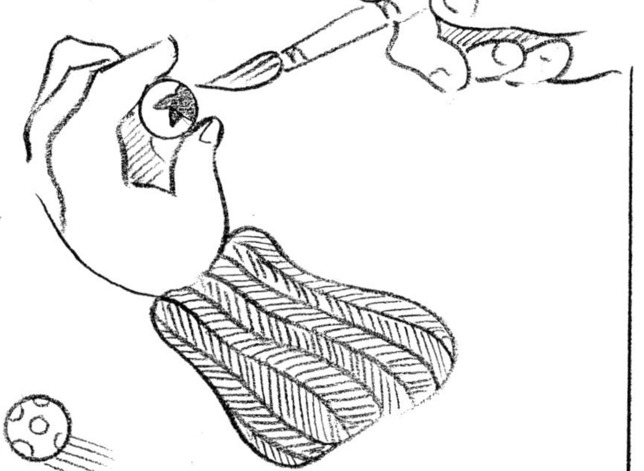

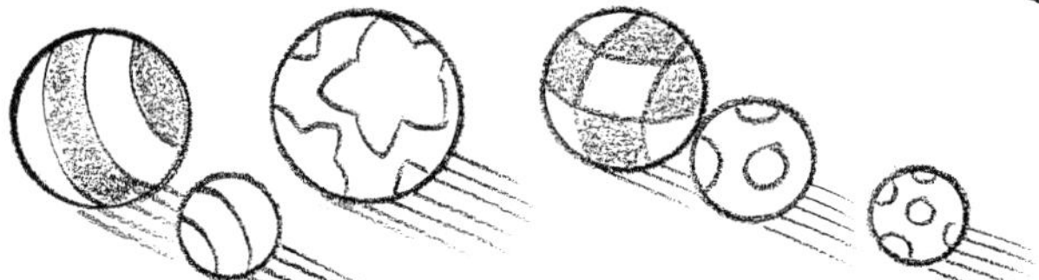

Bei diesem Spiel muß die Kugel in das Loch rollen, oder eine andere Murmel getroffen werden, die dann in das Loch kullert. Alle Kugeln im Loch gehören dann dem Spieler. Schussern darf man von allen Seiten.

WURFTECHNIKEN:

1. Schneide dir aus Pappe dieses MURMELSPIEL:

Ein Murmelwart wird ernannt. Jeder Spieler zahlt bei ihm 10 Murmeln ein. Aus 2 m Entfernung muß man durch die Öffnungen schussern. Trifft man nicht, erhält der Murmelwart die Murmel. Rollt sie durch die Öffnung, erhält der Spieler so viele Kugeln, wie die Zahl über der Öffnung. Der Spieler mit den meisten Murmeln gewinnt.

Kunterbunte Bauklötze

In jeder Schreinerei gibt es Holzabfälle von Balken, Latten, Brettern, Rundstäben, Leisten und vielen anderen Holzformen. Für ein paar Pfennige kannst du sie kaufen, und wenn du Glück hast, bekommst du den „Abfall“ vielleicht geschenkt.
Suche dir möglichst viele verschiedene Stücke aus. Große und kleine, runde und eckige, flache und schmale ... je mehr du hast, desto prunkvoller wird dein Schloß, deine Stadt, dein Dorf, dein Kunstwerk, dein ... Male sie mit Plaka- oder Anstreicherfarben an.
Ich habe einfach ein Holzklotzbaukunstwerk auf einer Bank aufgebaut. Bauen kann man überall mit diesen kunterbunten Bauklötzen. Drinnen, draußen, in der Wohnung, im Sandkasten, an einem Bach, auf eurer Spielstraße, im Garten am Teich oder ...

Nimm ein altes Orangennetz, damit kannst du deine Bauklötze besser transportieren.

3

MATERIAL:
VERSCHIEDEN GEFORMTE
HOLZRESTE *
PINSEL UND FARBE *

Denke dir Spiele aus!

Suche dir 4, 6 oder 9 Holzstücke aus, deren 6 Seiten gleich groß sind – also Würfel.

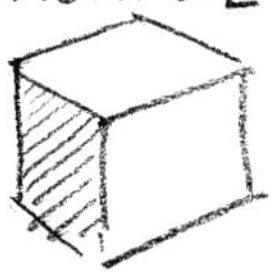

Schneide aus Illustrierten 6 schöne, bunte Bilder aus, Tiere, Menschen, Landschaften, Autos usw...
Sie müssen so groß sein, wie deine Würfel, wenn man alle Würfel zusammenlegt.

MATERIAL:
HOLZWÜRFEL,
ILLUSTRIERTE
* SCHERE,
MESSER
KLEBSTOFF *

Klebe auf die zusammengelegten Würfel ein Bild.

Schneide durch das Bild die Würfel vorsichtig mit dem Messer auseinander. Wiederhole das, bis auf allen Seiten der Würfel ein anderes Bild klebt. Jetzt hast du ein super dreidimensionales Puzzle

Pflasterdorf

Fabian hat ein Dorf auf den Bürgersteig gemalt. „Da möchte ich hinfahren", sagt er zu allen Leuten, die vorbeikommen und nach dem schönen Dorf fragen.
„Hier gibt es einen Bach, einen Teich mit Enten, Hühner, Gänse, Kühe, Pferde, Katzen, zwei Hunde und viele Obstbäume", erzählt Fabian.
„Wie heißt das Dorf", fragen die Leute dann.
„Ich weiß es nicht", antwortet Fabian dann, „es ist mein Traumdorf, ich war noch nie da."
Male auch dein Traumdorf, dein Traumhaus, deine Trauminsel oder, oder...

Es gibt viele Dinge, die man auf den Bürgersteig malen kann. Dann kannst du herrlich spielen, Geschichten ausdenken und träumen.

4 + 5

Himmel und Hölle-Hickelspiele

Niemand weiß, wer die Hickelspiele erfunden hat. Sie werden von allen Kindern der Welt fast auf die gleiche Weise gespielt;
in Europa, Asien, Afrika, Australien, Süd- und Nordamerika.
Das älteste Hickelspiel-Muster entdeckte man auf dem Boden des antiken Forums in Rom.

Es gibt hunderte verschiedener Hickelspielformen.
In Amerika fand man in der Stadt San Francisco über zwanzig verschiedene Spielmuster.
Ein paar Formen habe ich für dich aufgezeichnet. Wir nennen es „Himmel und Hölle." Erfindet selbst neue „Himmel und Hölle"-Spiele.

Hauptregeln für Hickelspiele

Standplatz „Erde". Eine Marke (Stein, Holzstück oder Kronenkorken) ins Feld 1 werfen. Auf einem Fuß von „Erde" ins Feld 1 hüpfen. Marke aufheben. Zurückhüpfen. Marke ins Feld 2 werfen. Über Feld 1 nach Feld 2 hüpfen. Marke zurück ins Feld „Erde" werfen. Zurückhüpfen.
So fortschreitend von Feld 3 bis Feld 9 weiterspielen.

Landet die Marke im falschen Feld, auf einer Linie, oder hüpft man beim Springen auf eine Linie, ist dieser Teil der Aufgabe ungültig. Der nächste Spieler fängt an. Ist man wieder an der Reihe, beginnt man dort, wo der Fehler gemacht wurde.

Wurde das Feld 9 passiert, Marke in das Feld „Himmel" werfen. Landet sie in einem A-Feld, darf eine der Aufgaben ausgelassen werden. Landet sie im „Himmel": hinhüpfen, aufheben und ins Feld 9 werfen. Jetzt zurück hüpfen von 9 bis „Erde".

Himmel und Hölle

Aufgaben
Die Marke wird während des Hüpfens mit dem Standfuß von Feld zu Feld gestoßen:

Die Marke wird auf dem hochgehobenen Fuß durch alle Felder balanciert: „Erde", „Himmel" und zurück. Die Marke darf nicht herabfallen.

Das gleiche mit der Marke auf dem Kopf, dem Zeigefinger, dem Unterarm, dem rechten Knie, dem linken Knie, mit geschlossenen Augen und erhobenem Kopf durch alle Felder zum „Himmel" und zurück hüpfen.
Die anderen rufen „heiß", wenn richtig gesprungen wird, „kalt" bei einem Fehler.

Auf „Erde" mit dem Rücken zum „Himmel" stehen. Marke über die Schulter werfen. Liegt sie in einem Feld (nicht auf der Linie), bekommt man es als „Haus" und darf in folgenden Spielen mit beiden Beinen dort rasten. Deshalb das Feld markieren.
Die anderen müssen dieses Feld überspringen.

Zusatz-Regeln:
Im „Himmel" darf gerastet und eine verrutschte Marke zurechtgelegt werden.

Landet die Marke im Feld „Hölle", ganz von vorn beginnen.

Wassergraben
Gerät ein Spieler oder eine Marke ins „Wasser", muß er ausscheiden. Auf den Feldern 3, 6 und 9 darf gerastet werden.
Zu den obigen Regeln kommt noch eine zusätzliche ohne Marke: dreimal auf einem Bein um den ganzen Kurs hüpfen.

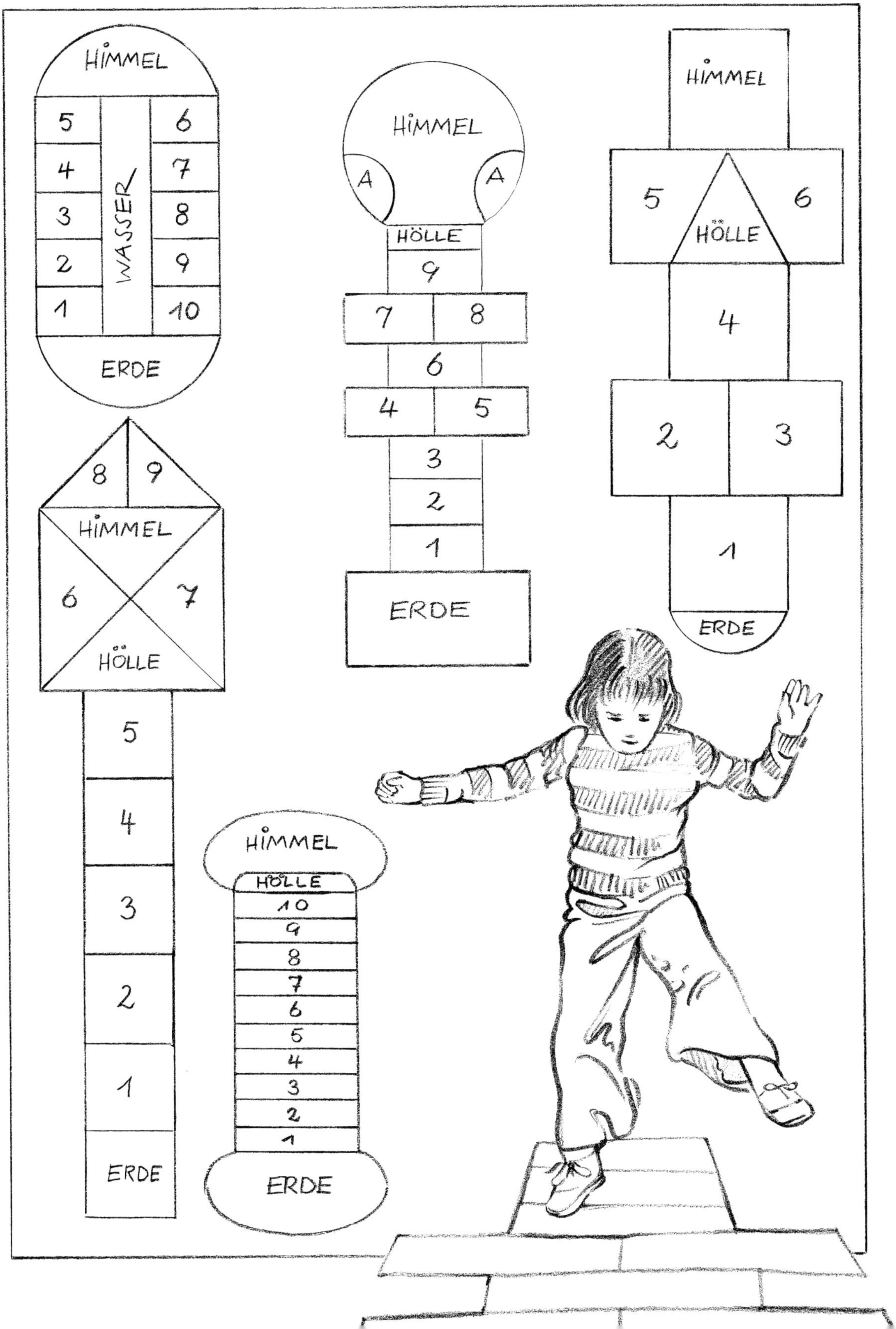
HIMMEL
5
4
3
2
1
WASSER
6
7
8
9
10
ERDE
HIMMEL
A
A
HÖLLE
9
7
8
6
4
5
3
2
1
ERDE
HIMMEL
5
6
HÖLLE
4
2
3
1
ERDE
8
9
HIMMEL
6
7
HÖLLE
5
4
3
2
1
ERDE
HIMMEL
HÖLLE
10
9
8
7
6
5
4
3
2
1
ERDE

Blätter- und Blütenbilder

Ein rotgefärbtes Blatt im Herbst, die noch zart duftenden Blütenblätter einer Rose, das vierblättrige oder sogar ein fünfblättriges Kleeblatt, von dir gesucht, gefunden und sorgfältig getrocknet, sind ein Schatz besonderer Art. Es gibt eine unendliche Vielfalt an Blattformen, Blüten und Gräsern. Ein Farnwedel, der die Silhouette mächtiger Tannen hat, das Blatt einer Rotbuche – wie ein Laubbaum im Herbst... das alles kannst du sammeln und nach dem Trocknen in ein Album kleben.
So entstehen ein Blüten-Blätter-Bilderbuch oder verschiedene Blüten-Blätter-Bilder für dein Zimmer; auf Transparentpapier geklebt hängst du die Bilder vor dein Fenster.
Wenn durch sie das Licht fällt oder die Sonne auf sie scheint, entsteht ein ganz besonderes Licht-Farben-Spiel. Man könnte fast in ihnen spazierengehen.
Du kannst auch Blüten-Blätter-Laternen bauen. Mit einem Teelicht erleuchtet, tauchen sie dein Zimmer in freundlichen Schimmer, und die Farben der Blätter und Pflanzen verführen zum Träumen und zum Lesen von alten Märchen und Sagen.

MATERIAL:
GETROCKNETE BLÄTTER, PFLANZEN, TRANSPARENTPAPIER, TRANSPARENTBUNTPAPIER * SCHERE, KLEBSTOFF, KLEBEBAND *

Klebe dein Bild aus Blättern, Pflanzen und Buntpapierformen auf den Transparentbogen. Fasse den Rand des Bogens mit Klebeband ein.

PFLANZENPRESSE

MATERIAL:
2 HOLZBRETTER CA 2 cm DICK UND 30 cm x 30 cm GROß,
4 GEWINDESCHRAUBEN 6 cm lang MIT FLÜGELMUTTERN,
GROßE LÖSCHPAPIER-BOGEN *

1. Laß dir in einer Schreinerei oder einem Bastelgeschäft 2 Brettchen 30 cm x 30 cm (CA 2 cm dick) schneiden

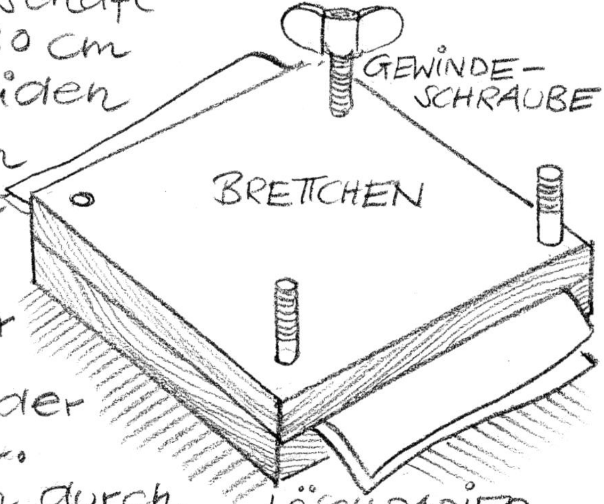

2. Bohre in die 4 Ecken der beiden Brettchen je 1 Loch mit dem Durchmesser der Schrauben. Die Löcher müssen bei beiden Brettchen an genau der gleichen Stelle sein. Stecke die Schrauben durch die Löcher beider Brettchen.

3. Lege zwischen 2 Löschpapierblätter die gesammelten Blätter oder Pflanzen. Schiebe das Löschpapier zwischen die Brettchen; drehe die Flügelmuttern fest zu. Nach ein paar Tagen kannst du deine gepressten und getrockneten Pflanzen herausnehmen. Lege die fertigen Blätter und Blüten flach in eine Schachtel – sammle sie für deine Bilder, Laternen oder ... für ein selbstgemachtes PFLANZEN-BUCH. Schreibe den Namen, Tag und Fundort neben jede Pflanze!

Melonenboot

Sommer, Sonne, Strand und eisgekühlte Melonen.
Es zischt so richtig, wenn man in die Scheibe einer köstlichen, saftigen Wasser- oder Honigmelone beißt und sich dabei weit nach vorne beugen muß, damit der Saft – süß und klebrig – nicht auf das Kleid, die Hose oder das Knie tropft.

Tobi hat seine Melone nicht in Scheiben geschnitten, sondern mit dem Messer in zwei Hälften geteilt und das Fruchtfleisch mit dem Löffel herausgeschält. Jetzt kann er sich aus den festen Schalen Melonenboote bauen. Es dauert nicht lange, und der Wind treibt die Boote vor sich her. Bevor sie auf Nimmerwiedersehen verschwinden, habe ich eines noch schnell fotografiert. Dann segelt auch dieses kleine Melonenboot auf den See hinaus, wird kleiner und kleiner, hüpft auf den Wellen hinauf und hinunter, bis es im Glitzern des Horizontes und der Wellen nicht mehr zu erkennen ist.
Gute Reise und Ahoi! –
Morgen gibt es wieder Melonen.

MELONENBOOT MATERIAL:
1/2 AUSGEHÖLTE MELONE, STÖCKCHEN, 1 STÜCK PAPIER, 1 EIS-HOLZSTIEL *
TASCHENMESSER *

1. Stecke das Stöckchen durch das Papier in den Boden der Melone.
2. Stecke den Eis-Holzstiel in einen Schlitz am Heck des Melonenbootes. Er dient als Steuerruder und muß zur Hälfte in's Wasser ragen.

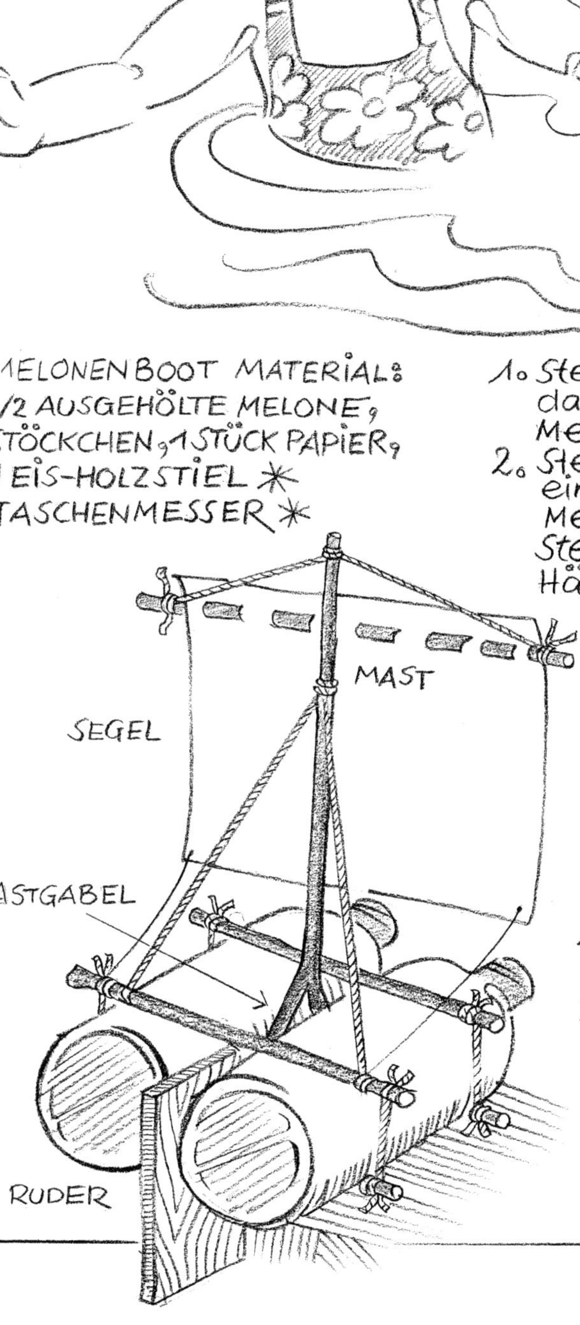

FLASCHENSCHIFF MATERIAL:
2 ALTE PLASTIKFLASCHEN, PLASTIKTÜTE, STÖCKCHEN, 1 LÄNGERER AST MIT ASTGABEL, 1 BRETTCHEN, BINDFADEN *
TASCHENMESSER *

1. Verbinde die Flaschen miteinander.
2. Klemme den Ast mit der Astgabel und das Brettchen zwischen sie.
3. Befestige das Segel an einem Stöckchen und binde es an den Mast (siehe Zeichnung).

RINDENSCHIFFCHEN
MATERIAL:
RINDE (BORKE), BLÄTTER, FEDERN, ÄSTCHEN, PAPIER,
→ ALLES WAS DU FINDEST UND SICH ZUM BASTELN EIGNET.
* TASCHENMESSER

1. Jedes Schiffchen muß ein Ruder haben, das in's Wasser ragt. Dann behalten sie die Fahrtrichtung.

1. Binde alles mit Bindfaden zusammen oder bohre Löcher in das Holz und befestige die Teile mit kleinen Holzpflöcken

ABFALLDAMPFER
MATERIAL: ALLES, WAS DU AM STRAND FINDEST
* BINDFADEN, TASCHENMESSER *

Laterne, Laterne . . .

Eines der bekanntesten Laternenfeste in Deutschland ist das St. Martins-Fest, das im Spätherbst gefeiert wird.
In einem langen Festzug gehen viele hundert Kinder mit selbstgebastelten Laternen hinter dem Ritter Martin her. Zu den Melodien der Musikkapellen singen sie ihre Laternen- und Martinslieder. Wenn Ritter Martin seinen Mantel mit dem Bettler geteilt hat, laufen die Kinder in kleinen Gruppen von Haus zu Haus und singen:

Hier wohnt ein reicher Mann,
der uns vieles geben kann.
Vieles soll er geben,
lange soll er leben,
selig soll er sterben,
das Himmelreich erwerben . . .

Wenn die Tür verschlossen bleibt, und kein Apfel, keine Handvoll Bonbons oder Plätzchen in die Beutel der Kinder wandern, singen sie für dieses Haus ein fröhliches Spottlied:

Dat Hus, dat steht op ene Been,
der Gitzhals en de Mette dren –
Gitzhaals, Gitzhaals.

(übersetzt heißt das: Das Haus, das steht auf einem Bein, der Geizhals in der Mitte drin – Geizhals, Geizhals.), dann ziehen sie weiter.

Vielleicht gibt es auch in deinem Wohnort einen Martins-Umzug. Wie du dir dafür eine Laterne basteln kannst, erfährst du auf den nächsten Seiten.

. . . Sonne, Mond und Sterne.
Brenne auf mein Licht,
brenne auf mein Licht,
aber nur meine liebe
Laterne nicht . . .

MATERIAL:
SCHUHKARTONS, KÜRBIS,
RUNDE KÄSEVERPACKUNGEN,
SCHWARZER FOTOKARTON,
FARBIGES TRANSPARENTPAPIER,
DRAHT, STÖCKE, TRANSPARENPAPIER*
TASCHENMESSER, SCHERE, LÖFFEL,
KLEBSTOFF, ZWIRN *
* TEELICHTER *
* GURKENGLASDECKEL, NAGEL,
HAMMER *

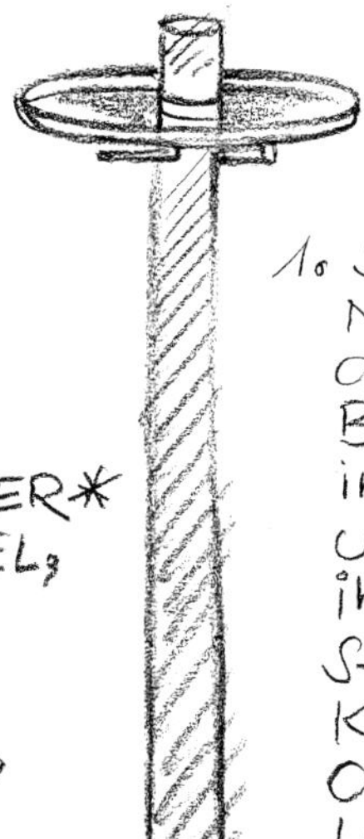

1. Schlage einen Nagel durch den Stock. Bohre ein Loch in den Deckel und stecke ihn auf den Stock. Nun kannst du die Kürbis-Laterne aufspießen

2. Schneide ein Loch in den oberen Teil des Kürbis und höhle ihn mit einem Löffel aus – von dem Fruchtfleisch kann man leckere Sachen machen –. Schneide Augen, Nase und Mund in den hohlen Kürbis. Stelle ein Teelicht hinein.

3. Klebe zwischen den Boden und den Deckel (mit runder Öffnung) einen 25 cm breiten Streifen aus Transparentpapier. Schneide aus buntem Transparentpapier verschiedene Formen aus und klebe sie auf die Laterne – du kannst auch getrocknete Pflanzen und Blätter nehmen –. Ein Bügel aus Draht kommt an die Seiten des Deckels.

4. Schneide in die Seiten eines Schuhkartons "Fenster" und klebe von innen Transparentpapier dagegen. Schneide kleine und große Fische aus und hänge sie von innen an die Fenster. (Du kannst auch einen großen Karton nehmen, den Deckel festkleben und Fenster hineinschneiden, vergiß die Öffnung an der Oberseite nicht.

Leuchtbonbons im Glas

Ein Bonbon ist eine süße oder saure Köstlichkeit, die man lutscht oder auf der Zunge zergehen läßt.
Es gibt viele verschiedene Sorten und Formen.
Leuchtbonbons sind eigentlich ganz normale Bonbons, und sie liegen in einem ganz gewöhnlichen, gut gefüllten Bonbonglas. Man kann sogar den Deckel aufschrauben und sich einen von ihnen in den Mund stecken.
Dann leuchtet er zwar nicht mehr, schmeckt aber wundervoll nach Zitrone, Orange, Himbeere, Brombeere oder... – genau wie viele andere Bonbons.
Leuchtbonbons haben ein Geheimnis, das man nur entdeckt, wenn man sie aus dem Glas nimmt und langsam der Reihe nach auflutscht.
Was das für ein Geheimnis ist?
Das verrate ich dir jetzt noch nicht – blättere einfach um.

MATERIAL:

1 ALTES BONBONGLAS,
1 TASCHENLAMPENBIRNE 3,8 VOLT, 1 FASSUNG
1 FLACHBATTERIE 4,5 VOLT,
VIELE DURCHSICHTIGE BONBONS *
1 FLACHZANGE, 1 SCHRAUBENDREHER *

1. Biege die Metallstreifen der Batterie (+und- Pol) wie auf der Zeichnung um. Klemme je einen Pol unter eine Schraube der Fassung und ziehe die Schrauben fest an.

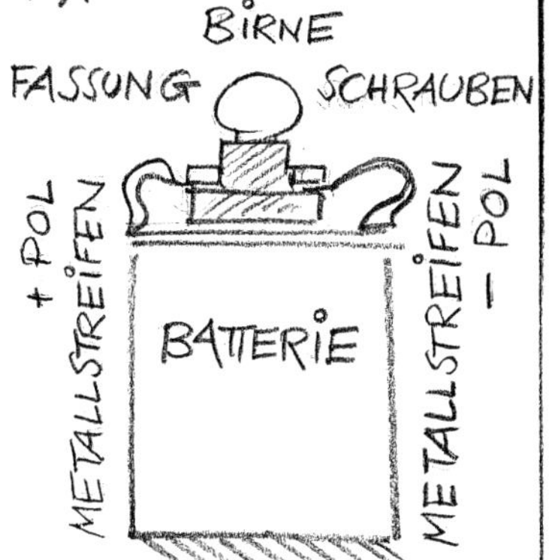

2. Schraube die Taschenlampenbirne in die Fassung.
3. Fülle das Bonbonglas halb mit Bonbons. Stelle die "Lampe" hinein und schütte so viele Bonbons um sie herum, bis man die "Lampe" nicht mehr sieht.
4. Willst du die "Lampe" ausmachen, drehe die Glühbirne aus der Fassung.

5. Du kannst die Fassung auch mit Klingeldraht an den Metallstreifen befestigen. Schraube zwischen einen Draht einen kleinen Schalter und lasse ihn aus der Glasöffnung hängen. Jetzt kannst du die "Lampe" an und aus knipsen.

Schloß am Meer

Ein Schloß am Meer, wer hat das schon? Ein Schloß, von dessen Türmen man weit über das Wasser sehen und die Schiffe beobachten kann; um dessen Mauern die Möwen gleiten, der Wind pfeift und die Brandung ihre Gischt wehen läßt, wie einen feinen Vorhang aus Wasserperlen. Dir gehört ein solches Schloß!
Es ist zwar nur aus Pappe, aber wasserdicht lackiert, und ein paar Tropfen schaden ihm nicht. Außerdem kannst du dein Schloß überallhin mitnehmen. Stelle es auf die Wiese, dann ist es ein zauberhaftes Wiesenschloß. Auf einem Felsen wird es zur uneinnehmbaren Felsenburg, und wenn du einen Graben um das Schloß buddelst und ihn mit Wasser füllst, ist es ein trutziges Wasserschloß.
Baue kleine Ritter aus Korken – ein Schloßgespenst und ein Schloßpark mit Schloßfräulein und Schloßhund gehören auch dazu!

1. MATERIAL

GROSSE UND KLEINE SCHUHKARTONS, SCHACHTELN VON GLÜHBIRNEN, STREICHHÖLZERN, ZAHNPASTA USW PAPIERWATTEKUGELN, FARBIGES TRANSPARENTPAPIER, SCHASCHLIK-STÄBCHEN, KREPPAPIER, KERNE VON HAUSHALTSROLLEN, ALUFOLIE, PAPIER * SCHERE, MESSER, KLEBSTOFF, FARBE UND PINSEL *

WENN DEIN SCHLOß LEUCHTEN SOLL:

1 KERZENBIRNEN-FASSUNG
1 GLÜHBIRNE 15 WATT
ELEKTROKABEL UND STECKER

1. Schneide in die Schachteln und Rollen Fenster, Türen und Ornamente.

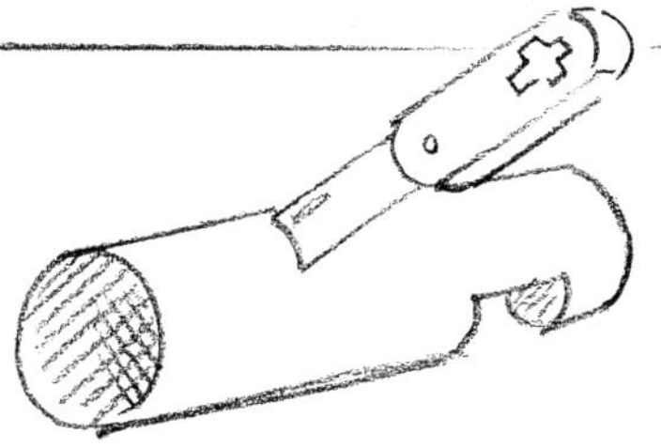

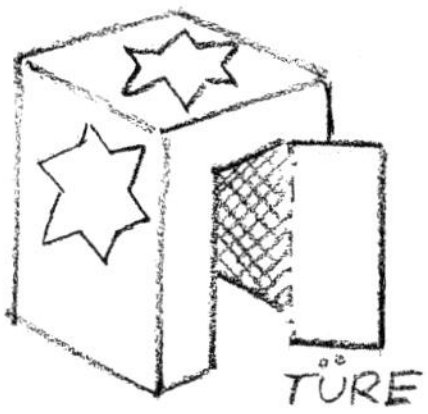

2. Beklebe die Schlitze und Kanten der Schachteln mit Papierstreifen; bemale die einzelnen Teile.

3. Klebe hinter die Öffnungen farbiges Transparentpapier.

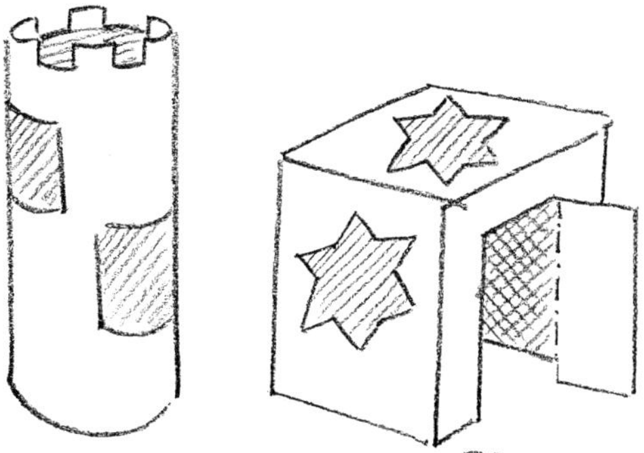

4. Lasse alle großen Bauteile unten offen oder schneide ein Loch hinein.

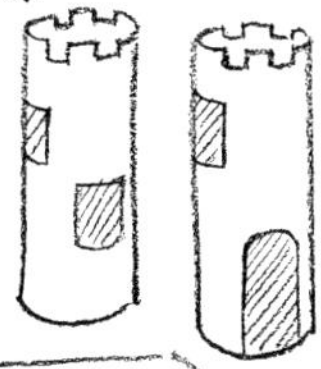

5. Schneide in den Deckel des großen Schuhkartons Löcher an den Stellen, auf die die Türme, Erker, Wohnräume usw festgeklebt werden sollen.

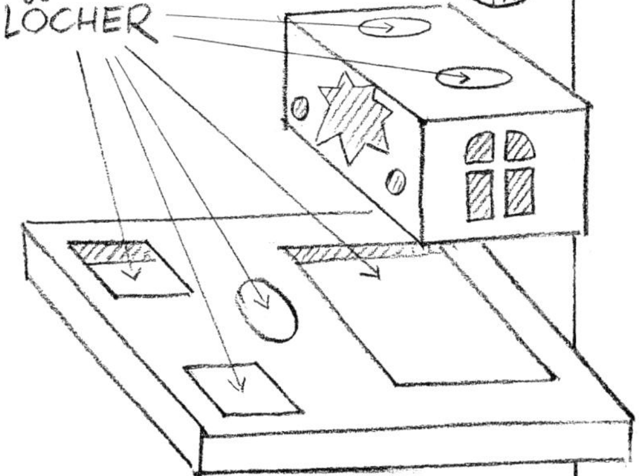

6. Klebe dein Schloß zusammen.

A. Schlage die Schuhschachtel mit zerknüllter Alufolie aus. Schraube die Kerzenfassung an eine Innenseite.

B. Laß dir bei dem Befestigen des Kabels an der Fassung und dem Stecker von deinen Eltern helfen.

C. Schraube die Glühbirne ein (sie wird nicht sehr heiß) und setze dein Schloß auf die Schachtel.

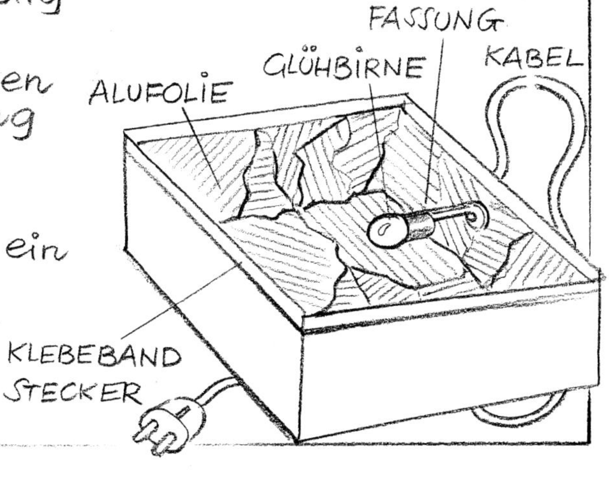

Wohnen im Karton

Im alten Griechenland lebte Diogenes von Sinope. Ein Philosoph und Mann mit scharfem Witz. Da er davon überzeugt war, daß der Mensch auch sehr bescheiden leben kann, wohnte er nicht in einem Haus, sondern in einer Tonne. Dies war zwar nicht sehr gemütlich, aber er war allein und hatte seine Ruhe, die er zum Nachdenken brauchte.

Manchmal wünscht sich jeder von uns ein eigenes Zimmer, in dem er ungestört lesen, Musik hören, basteln, spielen oder träumen kann. Nicht jeder hat ein Zimmer für sich allein, und Träume werden nur manchmal wahr. Damit du nicht so lange warten mußt, kannst du dir dein Traumzimmer oder auch ein kleines Traumhaus im Karton oder aus Karton basteln. Stell dir vor, du wärst ganz klein. Nun denk dich in den Karton hinein. Wo möchtest du die Fenster haben, den Balkon, dein Bett, deine Bücher? Welche Tapete soll an den Wänden kleben, welche Farbe die Türe haben, welcher Teppich auf dem Fußboden liegen?

Bastele deine Wünsche und Träume, vielleicht gehen sie eines Tages in Erfüllung!

MATERIAL:

ALTE SCHUHKARTONS, KLOROLLEN, STREICHHOLZSCHACHTELN, KORKEN, PAPPSCHACHTELN, STOFFRESTE, TAPETENRESTE, KLARSICHTFOLIE, KRIMSKRAMS, KREPP- UND BUNTPAPIER, ZEITUNGEN / ILLUSTRIERTE, WELLPAPPE, KNÖPFE USW USW ... *

SCHERE, TASCHENMESSER, KLEBER, FARBE UND PINSEL *

1. Zeichne auf den Schuhkarton Fenster und Türen. Schneide sie vorsichtig mit dem Taschenmesser aus.

2. Beklebe die Fenster von innen mit Folie. Du kannst auch Wände aus Pappe einkleben, eine Etage mit Treppe einbauen und einen Dachgarten anlegen.

Rassel-Rassel

Die Rassel, Knarre oder Klapper ist ein wichtiges Lärm-Instrument für echte Rasselbanden. Du kannst sie rhythmisch einsetzen und mit entsprechenden Begleitinstrumenten (z. B. Flöte, Gitarre, Klavier) eine tolle Musik machen. Man kann aber auch, wenn man will, einen Höllenlärm damit veranstalten.

In vielen Volksbräuchen treibt man mit Schellen und Rasseln den Winter aus, das geschieht meist zur Faschingszeit und auf Faschingsumzügen. Wenn du mit deinen Freunden auf der Straße diese Rassel benutzt, treibst du wahrscheinlich die Nachbarn aus ...
viel Rassel-Spaß!

Dittmeyer's
PUNICA

MATERIAL:

KRONKORKEN, DECKEL VON GURKENGLÄSERN-
MILCH-, KETCHUP-UND SALATSOßENFLASCHEN,
KONSERVENDOSEN (GROßE UND KLEINE),
WASCHMITTELTONNE, PLASTIKWANNE, BESENSTIEL,
HOLZSTÖCKE, VIERKANTLEISTEN *
NÄGEL, KLEBEBAND, KORDEL, PLASTIKLEINE,
HAMMER, ZANGE, TASCHENMESSER *

DIE RASSEL:

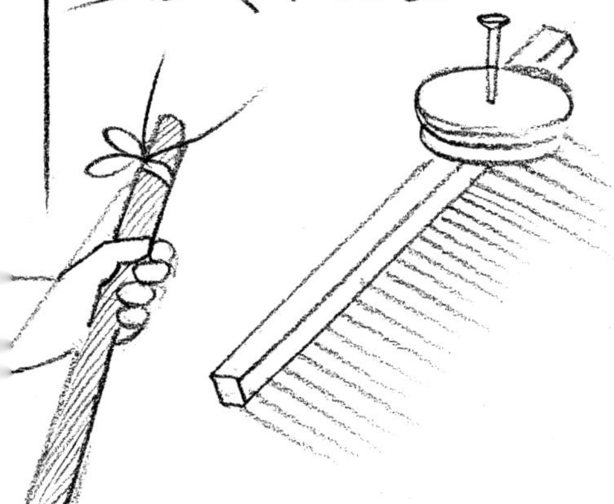

1. Schlage in die Deckel ein Loch und befestige mit einem Nagel immer 2 Deckel an einem Vierkantstab.

DAS SCHLAGZEUG

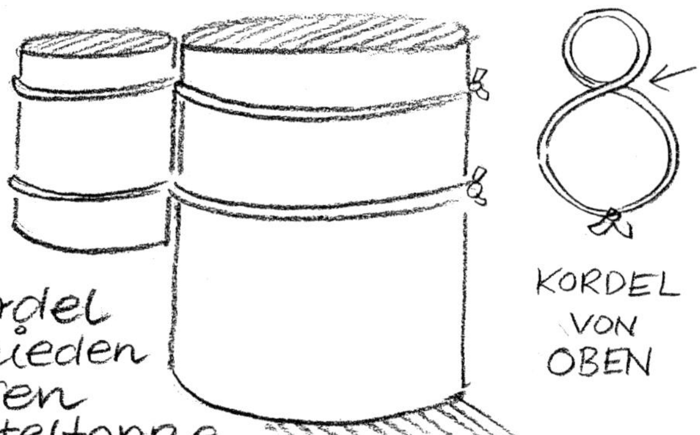

2. Binde mit einer Kordel (Klebestreifen) verschieden große Konservendosen an einer Waschmitteltonne. Die Böden müssen nach oben und in einer Höhe sein.

DER TEUFELSBASS

3. Bohre ein kleines Loch in den Boden einer alten Plastikwanne. Binde an das eine Ende der Plastikleine ein Stück Holz und stecke das andere Ende von innen durch das Loch. Binde es an ein Ende des Besenstieles.

4. SPIELEN: Nimm den Besenstiel in die linke Hand und stemme ihn auf den Boden der Wanne. Straffe die Leine und zupfe mit der rechten Hand. Je straffer die Leine, desto höher klingt der Zupfton.

Laufdosen

Laufdosen sind keine Siebenmeilenstiefel, die dich mit riesigen, schnellen Schritten von Haus zu Haus, von Dorf zu Dorf oder von Stadt zu Stadt bringen. Aber sie machen dich ein Stückchen größer und du kannst mit ihnen durch Pfützen stapfen, ohne nasse Füße zu bekommen – und wer kann das schon ohne Gummistiefel?!

Wenn du mit deinen Laufdosen über den Bürgersteig wanderst, hört man dich und deine klappernden Schritte schon aus großer Entfernung. Jeder weiß, daß du kommst, und es hört sich fast so an, als liefe ein kleiner Roboter durch die Stadt.
Stelle Dir einmal vor, alle Kinder in deiner Straße hätten Laufdosen unter ihren Füßen! Das macht ganz schön viel Lärm, klack-klack-klack, und euch sicher viel Spaß!

R

LAUFDOSE

MATERIAL:
2 KAFFEEDOSEN (BLECH)
BINDFADEN, DECOFOLIE *
SCHERE, TASCHENMESSER

1. Beklebe die Dosen mit Decofolie.
2. Bohre in jede Dose 2 Löcher, die sich gegenüber liegen.
3. Ziehe durch je 2 Löcher ein Stück Bindfaden und verknüpfe die Enden.
4. Die Bindfadenschlaufe muß so lang sein, daß du mit ihr bequem die Laufdosen unter deinen Schuhen halten kannst.

STELZEN

MATERIAL:
2 DACHLATTEN (gehobelt) 2 m LANG
2 RUNDHÖLZER ⌀ 4 cm x 20 cm
2 BRETTCHEN (DICKE DER LATTE)
10 cm x 15 cm + 2 HOLZSTÜCKE
4 HOLZSCHRAUBEN 6 cm *
SCHRAUBENDREHER, LEIM *

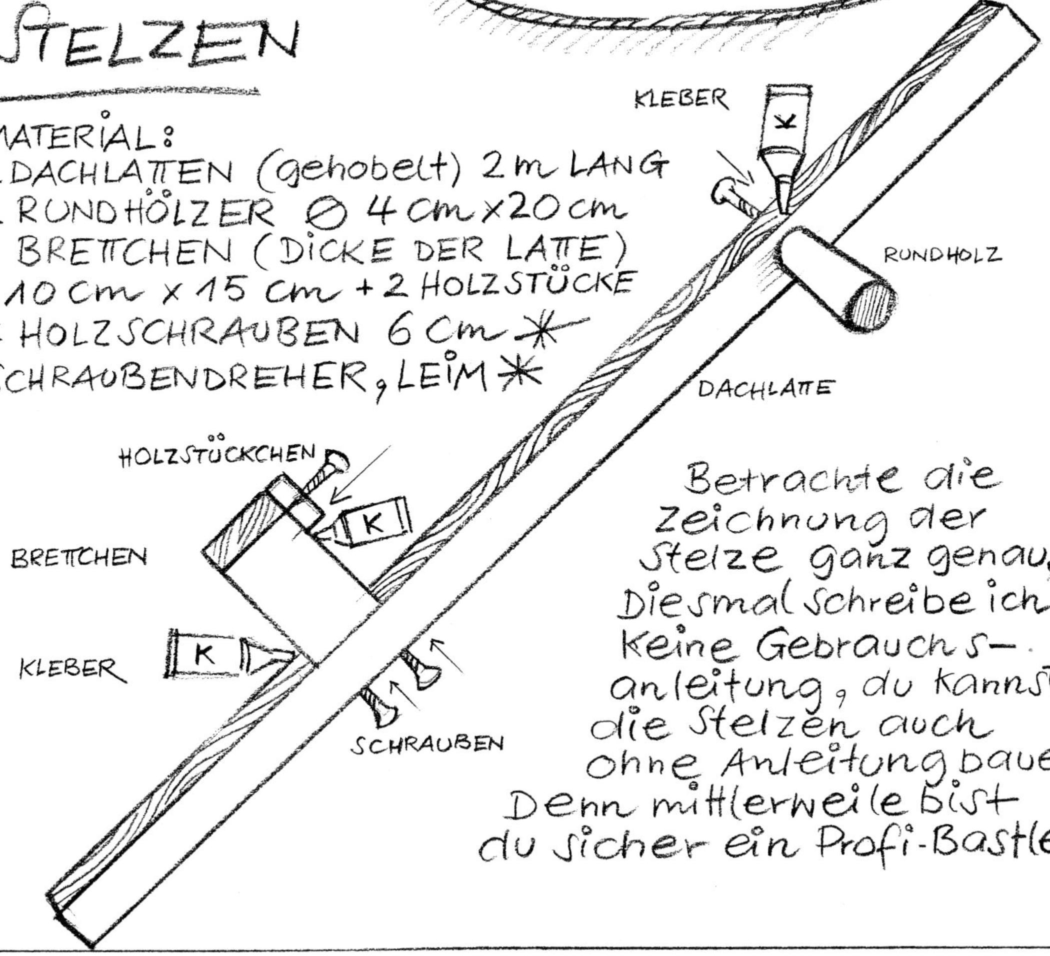

Betrachte die Zeichnung der Stelze ganz genau. Diesmal schreibe ich keine Gebrauchsanleitung, du kannst die Stelzen auch ohne Anleitung bauen. Denn mittlerweile bist du sicher ein Profi-Bastler.

Der Magnet-Frachter

Kennst du das beliebte Angelspiel? Mit einem Magnet, der an einer kleinen Angel hängt, müssen aus einem Pappaquarium Pappfische geangelt werden.
Der Magnet-Frachter ist nicht nur ein hübsches Boot, sondern auch eine Art Angelspiel. Er transportiert seine Fracht über die See (eine Pfütze oder ein kleiner Teich, es genügt auch die Badewanne), und landet sicher im Hafen. Nun muß die Ladung gelöscht werden („löschen" ist ein Begriff der Seemannssprache und bedeutet: die Ladung wird an Land gebracht), und damit beginnt das Geschicklichkeitsspiel. Gelöscht wird mit einer Angel. An der Schnur befindet sich jedoch kein Haken, sondern ein Magnet. Vorsichtig müssen damit nun die Korken – die Ladung des Frachters – an Land gebracht werden. In jedem Korken steckt eine farbige Heftzwecke, an der der Magnet haften bleibt.

Es gibt verschiedene Arten zu spielen:

Spiel 1: Kein Korken darf beim Angeln ins Wasser fallen, sonst ist der nächste Spieler dran. Wer zum Schluß die meisten Korken geangelt hat, gewinnt.

Spiel 2: Auf die verdeckte Seite der Korken (auf der sie stehen) werden Zahlen geschrieben. Wer zum Schluß die höchste Punktzahl erreicht, gewinnt.

Spiel 3: Es wird nach Farben geangelt (die Heftzwecken haben verschiedene Farben, oder du malst die Korken bunt an). Jeder wählt sich eine Farbe aus. Jeder Spieler darf nur Korken mit seiner Farbe angeln. Hängt an dem Magnet ein andersfarbiger Korken, ist der nächste Spieler an der Reihe.
Ist die Ladung des Frachters gelöscht, wird er einfach neu beladen.
Petri Heil!

MATERIAL:
STYROPOR VERPACKUNG (SUCHE DIR EIN STÜCK AUS, DAS SICH FÜR EIN SCHIFF EIGNET), PERLE, SEKT- UND WEINFLASCHENKORKEN, FARBIGE HEFTZWECKEN, MAGNET, STOCK, SCHNUR *
KLEBER, ACRYLFARBE, PINSEL *

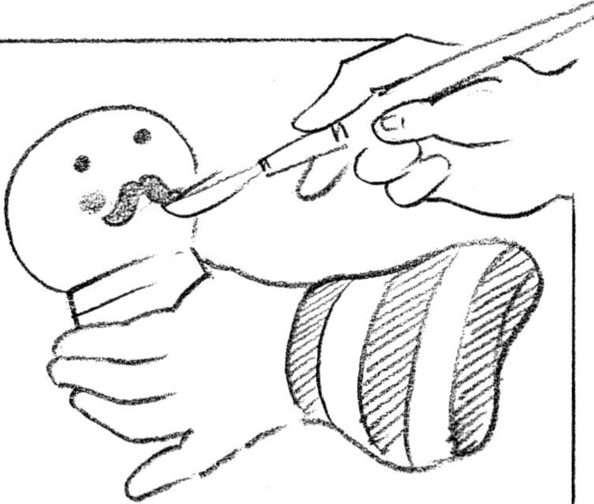

1. Bemale den Sektkorken und klebe eine Perle als Nase in das Gesicht. Er wird der Kapitän deines Korkfrachters. Klebe auf seinen Kopf den Verschluß einer Sprudelflasche.

2. Stecke in die Korken die farbigen Heftzwecken.

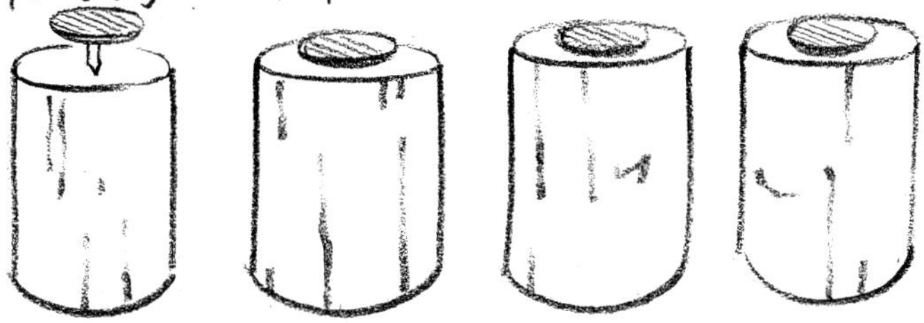

4. Male deinen Frachter an.

6. Binde eine Schnur an den Stock und an die Schnur den Magnet. Jetzt kannst du die Fracht entladen.

5. Klebe den Kapitän fest und belade deinen Frachter mit den Korken.

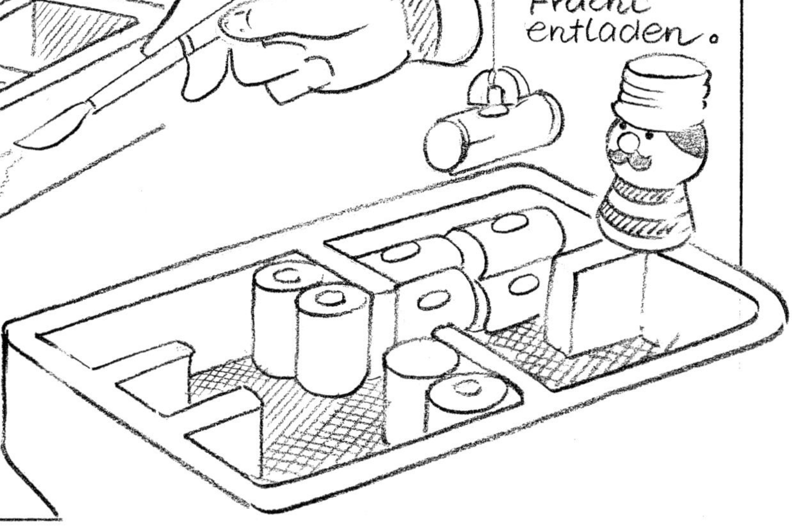

Korkianer

Wenn die Morgensonne auf die Wigwams der Korkianer scheint, tragen sie ihre Kanus zum Wasser. Sie sind Jäger und Fischer. Erst am Abend kehren sie mit reicher Beute nach Hause zurück. Korkianer sind die kleinsten aller Indianer. Für sie ist eine mit Regenwasser gefüllte Wagenspur ein Fluß, eine Pfütze wird zum See, ein Teich zum Ozean. Steht der Wind günstig, lassen sich die Korkianer gerne von ihm treiben. Der Wind fängt sich in ihrem prachtvollen Federschmuck und weht sie vor sich her. Ihre Kanus können nicht sinken, und sie selbst schwimmen wie die Enten. Es kann also gar nichts passieren, wenn sie sich treiben lassen. Irgendwo und irgendwie landen sie bestimmt wieder sicher am Ufer.

MATERIAL:
LATTEN UND LEISTEN IN VERSCHIEDENEN LÄNGEN, KORKEN, HOLZPERLEN, FEDERN, SCHASCHLIKSTÄBE, STREICHHÖLZER *
KLEBER, TASCHENMESSER, PLAKA- ODER ACRYLFARBE, LACK UND PINSEL *

1. Bemale die Korken als kleine Indianer. Ein braunes Gesicht und schön geschmückte Kleidung.

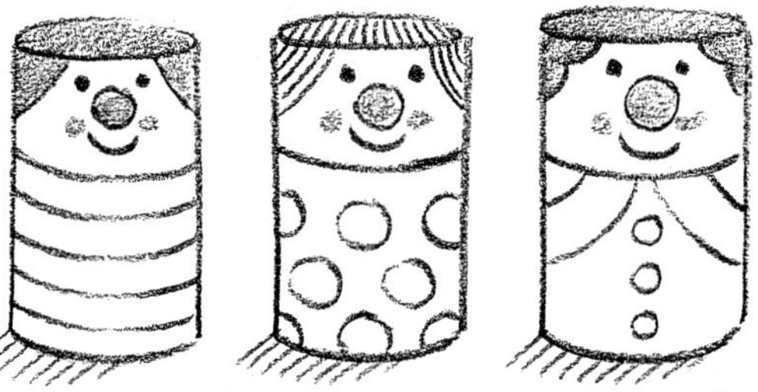

2. Klebe (oder stecke mit einem kleinen Nagel) eine rote Perle als Nase in das Gesicht.

3. Bohre ein kleines Loch in den Kopf und stecke Federn hinein, klebe sie fest.

4. Die Latten und Leisten werden bemalt und lackiert.

Je nach Länge der "Kanus" klebst du einen oder mehrere Indianer darauf fest.

5. Denke dir etwas aus, was du noch auf das Kanu kleben kannst. Zum Beispiel Gepäck, einen Bären, ein Pferd oder einen großen Fisch – alles aus Korken.

Schwimmtiere

„Wasser hat keine Balken“ sagt ein altes Sprichwort. Diese Schwimmtiere brauchen keine Balken, denn sie bestehen aus Holzresten und schwimmen immer obenauf. Selbst wenn der Wind sie einmal umwerfen sollte, besteht keine Gefahr, daß sie untergehen. Der Teich im Garten oder Park ist besonders geeignet für unsere Schwimmtiere. Wenn du Angst hast, daß der Wind sie dir entführen könnte, binde sie an eine lange dünne Schnur. In der Badewanne gibt es diese Probleme nicht. Hier kannst du mit ihnen spielen und sogar gemeinsam mit ihnen baden und tauchen. Wer von euch kann das wohl am besten – die Schwimmtiere oder du?

MATERIAL:
HOLZRESTE,
KLEBER, NÄGEL*
HAMMER, SÄGE,
FARBE, LACK,
PINSEL*

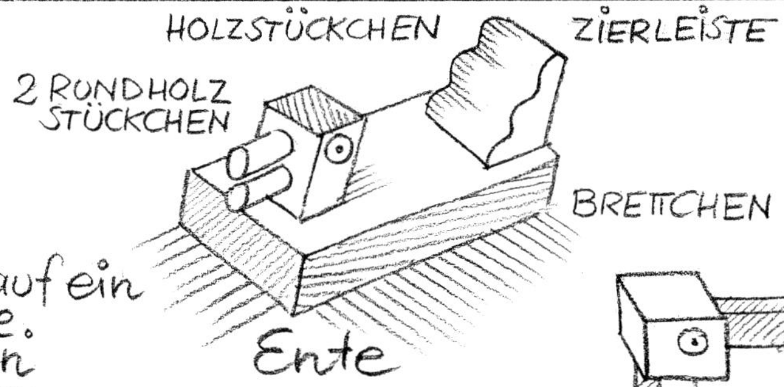

1. Klebe und nagele auf ein Brettchen Holzreste. Nach dem Bemalen wasserfest lackieren.
2. Denke dir ganz viele Schwimmtiere aus!

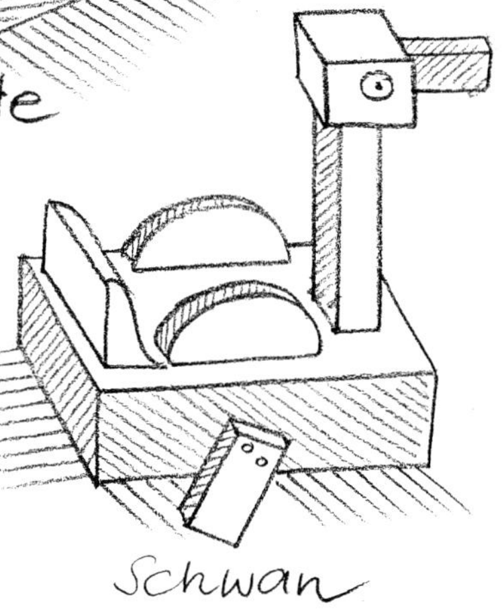

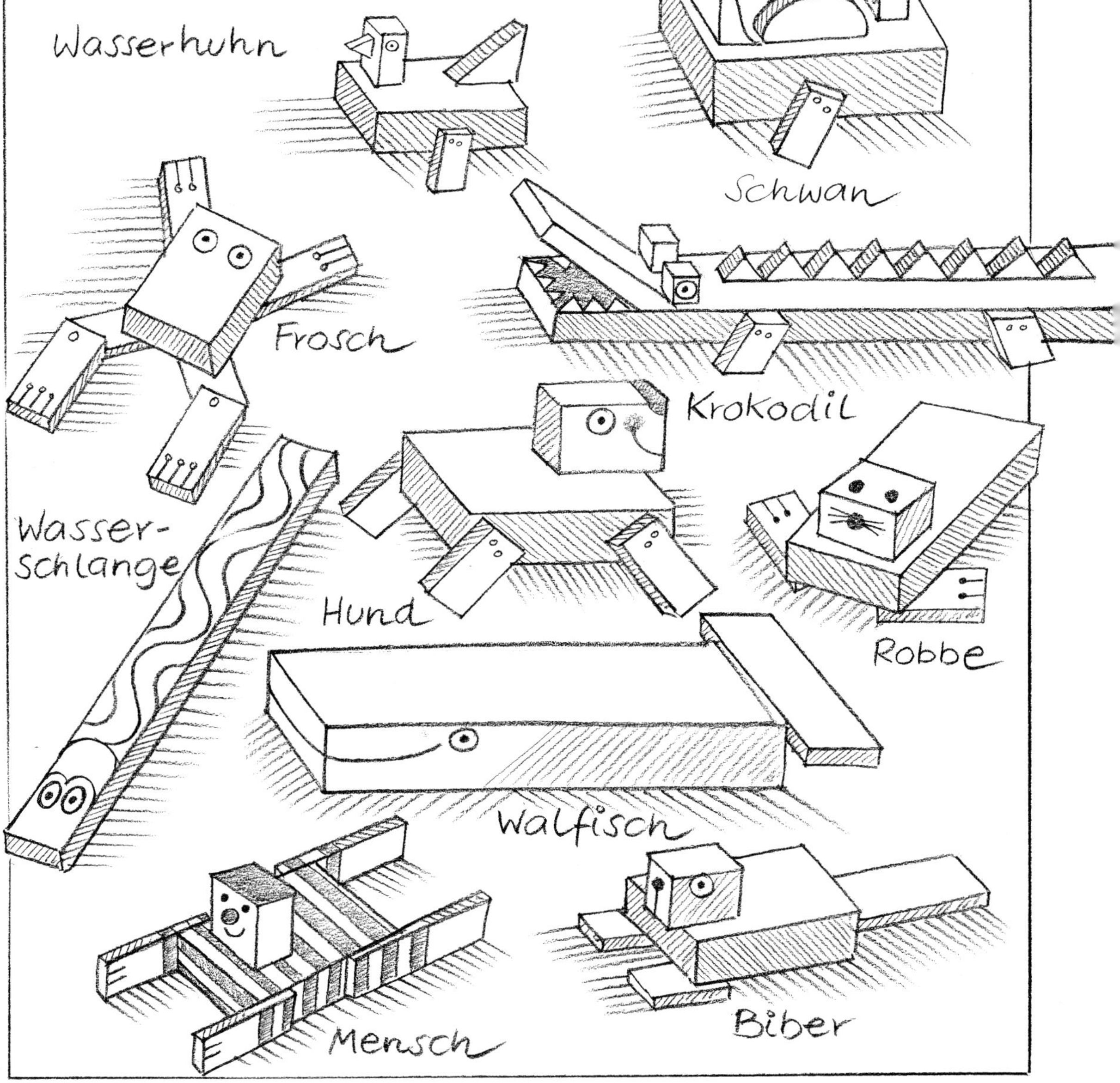

Holzeisenbahn

Eine kleine Dickmadam,
fuhr mal mit der Eisenbahn.
Eisenbahn, die krachte,
Dickmadam, die lachte.

Vielleicht kennst du diesen Kinderreim und weißt, was danach noch alles mit der Eisenbahn geschieht.

Diese Eisenbahn besteht zwar nicht aus Eisen, aber aus stabilem Holz. Außerdem ist es die schnellste Eisenbahn der Welt. So schnell, wie diese Eisenbahn entsteht, kann man keine andere Eisenbahn basteln. –
Du gehst einfach in eine Schreinerei oder einen Bastelladen und suchst dir aus Holzresten, die du dort bekommst, die schönsten und geeignetsten Stücke für deine Eisenbahn aus (kleine Balken, Bretterstücke, Brettchen, Leisten, Rundhölzer etc.).
Das kostet nur ein paar Pfennige, und vielleicht schenkt der Schreiner oder Verkäufer dir die Reste sogar.
Jetzt mußt du dir nur noch ein paar Holzräder kaufen. Mit Hammer, ein paar Nägeln und etwas Leim hast du im Handumdrehen eine Holzeisenbahn gebastelt – einen Güterzug, oder einen Personenzug, wie es dir gefällt.
Gute Fahrt!

MATERIAL:
VERSCHIEDENE HOLZSTÜCKE
IN VERSCHIEDENEN FORMEN,
UNTERSCHIEDLICH GROßE HOLZRÄDER
ODER DECKEL VON MILCHFLASCHEN
UND MARMELADENGLÄSERN *
HAMMER, NÄGEL, ZANGE, KLEBER, RUNDHAKEN,
TASCHENMESSER *

1. Wenn du dir einen Güterzug basteln willst, baue dir viele Wagen, die du beladen kannst

2. Leime Leisten und Brettchen auf ein flaches Stück Holz. Gut trocknen lassen, dann...

3. ...kannst du die Räder fest nageln (so, daß sie sich leicht drehen) und die Rundhaken einschrauben.

Seifenkistenrenner

Seifenkistenfahrer sind verwegene Burschen und ihre Fahrzeuge tolle Renner. Keine Rennstrecke ist ihnen zu steil. Die Metallräder der Seifenkisten klappern auf dem harten Asphalt. Je schneller die Fahrt, desto heller klackern die Räder. Ab und zu gerät eine Seifenkiste aus der Bahn und schleudert in die Böschung. Denn Seifenkistenfahrer sind zwar tollkühn, aber sie können nicht sehr gut lenken. Sie verabscheuen Kurven und fahren am liebsten geradeaus. Hügelige Spielstraßen sind beliebte Rennstrekken. Der Fahrer mit der schnellsten Kiste oder derjenige, der sie am weitesten rollen läßt, ist schließlich Sieger.

So schnell, wie die Seifenkisten fahren, kannst du sie auch basteln. Es ist gar nicht schwer, und auch das nötige Material läßt sich leicht beschaffen.

MATERIAL:
HOLZSTÜCKE IN VERSCHIEDENEN LÄNGEN UND GRÖSSEN,
DECKEL VON MILCH- UND SPRUDELFLASCHEN-
GURKEN- ODER MARMELADEN GLÄSERN,
SEKTKORKEN UND DRAHTVERSCHLÜSSE,
PERLEN UND NÄGEL *
KLEINER HAMMER, KLEBSTOFF,
PLAKA ODER ACRYLFARBE UND PINSEL

1. Bemale und schmücke deine Sektkorkenrennfahrer.

2. Bemale die Holzstücke

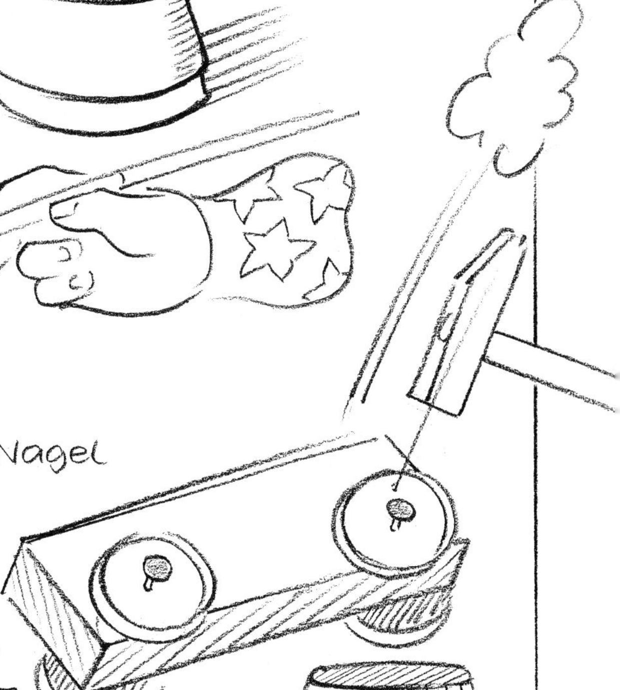

3. Schlage mit einem dicken Nagel in die Mitte der Deckel ein Loch. Stecke einen Nagel mit großem Kopf durch das Loch und befestige 4 Deckel an den Holzstücken - mit der flachen Seite zum Holz. Achte darauf, daß die Deckel alle in der gleichen Höhe angenagelt werden und sich leicht drehen lassen. Klebe deine Sektkorkenfahrer auf die Holzstücke. Das Rennauto kannst du auch noch schmücken.

Das Schloß der Kristallkönigin

Erinnerst du dich an das Märchen „Die Schneekönigin", das Hans-Christian Andersen vor über 100 Jahren geschrieben hat?

Die Mauern des Schlosses waren aus wirbelndem Schnee, und Fenster und Türen aus schneidenden Winden; es gab mehr als hundert Säle, je nachdem, wie der Schnee wirbelte; der größte Saal erstreckte sich viele Meilen weit, alle Säle waren von den starken Nordlichtern erhellt, und sie waren so groß, so leer, so eisig kalt und so grell und weiß. Nie gab es hier Fröhlichkeit, nicht einmal einen kleinen Bärenball, zu dem der Sturm aufspielte und die Eisbären auf den Hintertatzen gingen und feine Manieren zeigten; niemals eine kleine, unterhaltsame Gesellschaft mit Pfänderspielen, niemals einen kleinen Kaffeeklatsch der weißen Fuchsfräulein; leer, groß und kalt war es in den Sälen der Schneekönigin. Die Nordlichter flammten so regelmäßig, daß man auszählen konnte, wann sie am höchsten und wann sie am niedrigsten stehen würden. Mitten in diesem leeren, unendlichen Schneesaal lag ein zugefrorener See; der war in tausend Stücke gesprungen . . ., und auf diesem saß die Schneekönigin, wenn sie zu Hause war . . .

Das Schloß der Kristallkönigin besteht aus Zucker: es wird aus Würfelzucker und Zuckerguß errichtet und mit Hagel- und Puderzucker bestreut. Zuckerhüte stehen als Bäume im Garten. Das Licht vieler Kerzen bricht sich in den Säulen und Bögen der Säle. Warm schimmert es durch die Kristallwände und strahlt durch die Fenster nach außen. Wenn alle Kerzen brennen, ein leichter Luftzug durch die Fenster sie zum Flackern bringt, dann scheint sich alles zu bewegen . . . ein Schloß zum Vorlesen und Märchenerzählen, geheimnisvoll und anheimelnd zugleich.

MATERIAL:
WÜRFEL- UND HAGELZUCKER, PUDERZUCKER, LEBENSMITTELFARBE, 1 BRETT (JE NACH SCHLOSSGRÖSSE), MEHRERE ZUCKERHÜTE, WINDLICHTER *, 1 KLEINE SCHÜSSEL, WASSER, 1 KLEINER LÖFFEL, PINSEL *

1. Verrühre in einer kleinen Schüssel Puderzucker mit kaltem Wasser zu einem zähflüssigen Brei. Das ist dein Zement zum Zusammenfügen der Zuckerwürfel.

2. 1 Klecks Puderzuckerbrei und 1 Stück Würfelzucker werden zum Grundstein deines Schlosses. Bestreiche die Seiten des Würfelzuckers mit dem Brei und maure dein Zuckerschloss vorsichtig in die Höhe.

3. Bestreue den Schlossgarten mit Hagelzucker.

4. Wenn du willst, kannst du dein Schloss farbig verzieren. Rühre Lebensmittelfarbe in den Puderzuckerbrei und bemale das Schloss.

5. Stelle Teelichter in die Schlossräume: Zünde sie an. Das Schloss der Schneekönigin wird zauberhaft erleuchtet.

Schneegestöber

Wenn Frau Holle ihre Kissen schüttelt, beginnt es auf der Erde zu schneien. Leider bleibt die weiße Pracht in den Städten nicht mehr so lange liegen. Die Zeit der Schneemänner und Schneeballschlachten ist dort fast vorbei.
Aber wie schön ist ein dichtes Schneegestöber. Wenn die Flocken durch die Luft wirbeln, wenn man aus dem Fenster schaut und sieht, wie die Landschaft langsam in weiße Watte verpackt wird.

Schneekugeln sind natürlich kein Ersatz dafür, aber es macht trotzdem Spaß, in dieser kleinen Welt das weiße Treiben zu beobachten. Man kann sie kaufen, in vielen Andenken- und Geschenkläden, und es gibt sie mit zahlreichen unterschiedlichen Motiven: Königswinter im Schnee, der Lago Maggiore im Schnee, Schloß Neuschwanstein im Schnee oder Hasen im Schnee, ein Rehkitz im Schnee, ein Schwein im Schnee, Skifahrer im Schnee, Schneewittchen im Schnee, Micky Maus im Schnee. Einmal schütteln und schon wirbelt für Sekunden der Kunstschnee durch die Kugel und bedeckt dann langsam die Miniaturlandschaft mit seinen weißen Kunstflocken. Wir basteln uns unsere eigene Traumkugel mit Schneegestöber...

MATERIAL:

MARMELADE- UND GURKENGLÄSER, SCHASCHLIKSTÄBCHEN,
KNETGUMMI (FIMO), STYROPOR, ALTE NAGELBÜRSTEN
(MIT WEIßEN KUNSTSTOFFBORSTEN), ALTE SCHNEEKUGELN *
KLEBER, SCHERE, TASCHENMESSER *

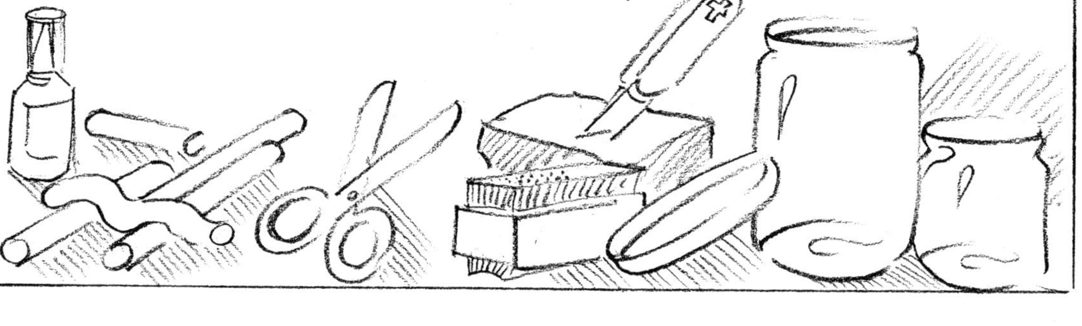

1. Forme aus Knetgummi (Fimo) eine Figur. Stecke sie mit einem Stück Schaschlikstab auf ein Styroporstück. Verklebe beide miteinander und klebe das Stück Styropor in die Innenseite eines Deckels. Laße die Teile lange genug trocknen – etwa 1 Tag und 1 Nacht.

2. Schneide mit der Schere kleine Stückchen von den Borsten der Nagelbürste ab. Das wird der Schnee. – Wenn du keine Nagelbürste hast, nimm den "Schnee" aus einer alten Schneekugel (an der Unterseite ist ein kleiner Stöpsel).

3. Putze die Gläser sorgfältig, stelle sie richtig hin, fülle sie mit klarem Wasser und streue den Schnee hinein. Drehe den Deckel (Figur nach unten) vorsichtig auf das Glas. Schraube ihn sorgfältig fest, damit kein Wasser herauslaufen kann. Drehe das Glas herum – FERTIG

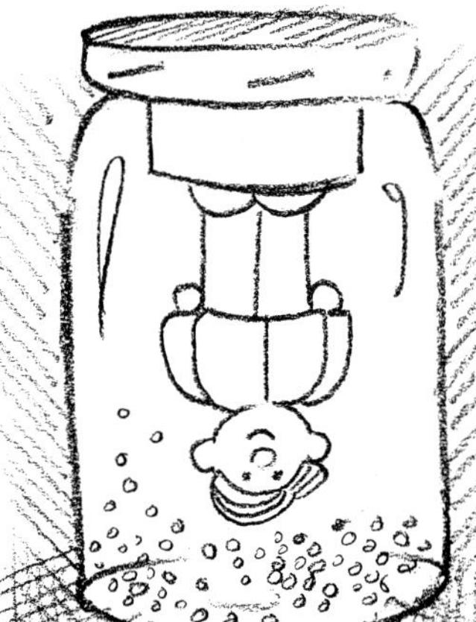

Mein Stuhl ist eine Wiese

Es gibt Küchenstühle, Wohnzimmerstühle, Gartenstühle, Kaffeehausstühle, Eisenstühle, Holzstühle, Korbstühle, Klappstühle, Liegestühle...
Bei einigen beliebten Kinderspielen, wie zum Beispiel der „Reise nach Jerusalem", spielen Stühle eine wichtige Rolle.
Es gibt natürlich auch den Lieblingsstuhl, auf dem man besonders gerne sitzt und sich wohlfühlt.
Manchmal werden neue Stühle gekauft, weil die Mode sich ändert oder jemand seine Wohnung neu einrichtet. Die alten Stühle landen dann auf dem Speicher oder auf dem Sperrmüll – schade!
Ein Stuhl ist etwas Besonderes, er hat eine Geschichte. Wer hat auf diesem Stuhl gesessen, eine Frau, ein Mann, ein Kind? Ging es ihnen gut, oder hatten sie Sorgen? Waren sie gesund oder krank? Haben sie auf diesem Stuhl immer in einem Märchenbuch gelesen, die Tageszeitung durchgeblättert oder Schularbeiten gemacht?
Erfahren wird man das nie, aber daran habe ich gedacht, als ich den alten Lehnstuhl bei einer Sperrmüllsammlung fand.
Ich habe ihn gleich mitgenommen, abgeschmirgelt und bemalt. Nun ist es mein persönlicher Wiesenstuhl.
Mach das doch auch, sammle alte Stühle, bemale und verschenke sie.
Die ganze Familie wird überrascht sein, was für phantasievolle und schöne Stühle dabei entstehen.

MATERIAL:
VIELE ALTE STÜHLE *
SCHMIRGELPAPIER,
PINSEL, PLAKA- ODER
ACRYLFARBE, KLARLACK *

Zuerst wird der Stuhl gründlich gereinigt. Dann werden mit grobem und feinem Schmirgelpapier Farb- und Lackreste abgeschmirgelt. Nach dem Entfernen des Schmirgelstaubes, kannst du den Stuhl bemalen.

Sänfte

Die Sänfte wurde im Orient erfunden. Sie diente als Beförderungsmittel, in dem nicht nur wohlhabende Kaufleute, sondern auch wertvolle Waren transportiert wurden. Über weite Strecken ließen sich die Kaiser Chinas zu ihren Schlössern, Burgen und Tempeln tragen.
Die Sänfte, ein kastenförmiges Gebilde, wurde bald auch in Europa von den Reichen des Landes benutzt. Sanft wurden die feinen Leute von ihren Dienern durch die verdreckten und schlammigen Straßen und Städte von Haus zu Haus getragen.
Die Stuhl-Sänfte kannst du natürlich mit vielen Kissen auspolstern und so gemütlicher und vornehmer machen. Dann schwebt dein Teddy oder eine Puppe genauso sanft über den Boden wie einst Prinzen, Prinzessinnen und reiche Kaufleute.

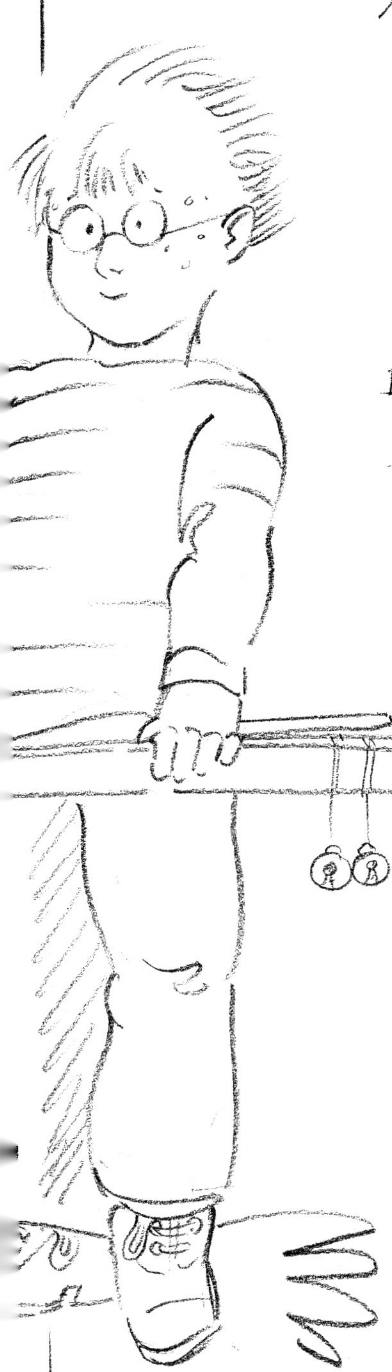

1. Schraube oder nagele die Latten jeweils links und rechts an die Stuhlbeine. Achte darauf, daß der Sitz über die Latten ragt. Das gibt besseren Halt.

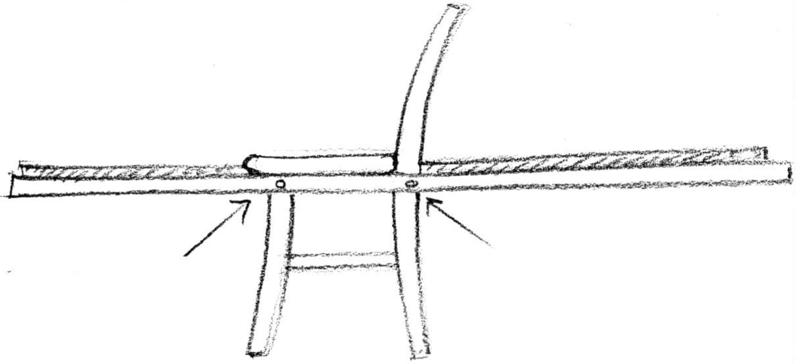

2. Beimale oder lackiere (bei wasserfester Farbe mit Klarlack überstreichen) die "Sänfte".

SCHMÜCKE SIE FESTLICH

MATERIAL:
1 ALTER STUHL,
2 GEHOBELTE DACHLATTEN ca 2 m
LANGE NÄGEL ODER HOLZSCHRAUBEN,
* HAMMER, SCHRAUBENDREHER,
PINSEL UND *FARBE, KRIMS-KRAMS
AUS DER KRIMS-KRAMS-KISTE *

*WASSERFESTE FARBE+KLARLACK ODER BUNTER LACK

Vogelscheuche

Heutzutage sieht man auf den Feldern nur noch selten diese verwegenen Gestalten – den Hut schräg auf dem Kopf, Jacke oder Mantel im Winde wehend. Ihre ausgestreckten Arme scheinen nach allem zu greifen, was sich auf dem Feld bewegt. Es sind stumme Wächter, die auf das Getreide aufpassen, damit es nicht vorzeitig von den Vögeln geerntet wird.
Kunstvolle Gebilde aus Stroh und alten Kleidern mit Hüten, Handschuhen und flatternden Tüchern. Wo sie geblieben sind, weiß ich nicht. Früher standen sie bei Wind und Wetter auf den Feldern, heute scheinen sie überflüssig geworden zu sein.

Die Bauern düngen ihre Felder mit Kunstdünger und zerstäuben Gift darüber, um Insekten fernzuhalten oder sie zu töten. Das Wasser ist nicht mehr so sauber, Hecken, Feldraine, kleine Bäche und Ecken mit Brennesseln und Sträuchern gibt es kaum noch. Viele Insekten- und Schmetterlingsarten sind völlig verschwunden. Natürliche Wiesen mit Wiesenblumen, Kräutern und Gräsern aller Art sind selten geworden. Deshalb sind auch die Vögel hier nicht mehr so zahlreich wie früher. Ihnen fehlen geeignete Plätze für den Nestbau und zum Brüten und unvergiftete Nahrung für ihre Jungen. Wo Vögel fehlen, werden auch keine Vogelscheuchen mehr gebraucht. Schade, sie waren so abenteuerlich, geheimnisvoll und auf ihre Art schön anzusehen. Wir werden ihnen ein Denkmal setzen. Ein „denk mal“ an die Zeit der Vögel und der Vogelscheuchen.

KEKS

MATERIAL:
ALTE KLEIDUNG UND HAUSHALTSGEGENSTÄNDE, HÜTE, HANDSCHUHE, KRIMSKRAMS, STROH, DACHLATTEN, BESENSTIELE USW.
* DRAHT, BINDFADEN, NÄGEL, HAMMER, ZANGE, SÄGE, TASCHENMESSER *
und Phantasie

Pappnasen

Eine Pappnase ist die kleinste Form der Maske, hinter der man sein Gesicht verstecken kann. Aber wer eine Pappnase trägt, ist noch lange keine „Pappnase“, das heißt: kein dummer Kerl.
Fast alle Clowns der Welt tragen eine kleine rote Pappnase – zur Freude aller Kinder und Erwachsenen. Sie bringen die Menschen mit ihren „Späßen“ zum Lachen, Weinen und Nachdenken. Carl Napp, Charlie Rivel, der große Grock und Olec Popow sind wohl die berühmtesten Clowns mit einer roten Nase.
Du kannst dich mit deiner Pappnase in einen kleinen Hasen, ein Schweinchen, ein Huhn, eine Katze, einen Hund oder einfach in einen Clown verwandeln. Wenn du mit deinen Freunden und Freundinnen ganz viele verschiedene Nasen bastelst, braucht ihr euch nur noch ein Theaterstück auszudenken und es zu spielen. Mit einer Pappnase bist du blitzschnell verkleidet.

14

38

MATERIAL:

SCHACHTELN
(GLÜHBIRNEN. KLEBSTOFF. ZAHNPASTA USW...) KRIMS-KRAMS
FARBIGE DECOFOLIE, BUNTER FILZ, DRAHT, WATTE,
RUNDGUMMI, HAUSHALTS- UND KLOROLLEN-KERNE, PAPIER*
SCHERE, TASCHENMESSER, KLEBSTOFF *

1. Beklebe deine PAPPNASE mit Decofolie oder male sie an. Schmücke sie mit Krims Krams, einer Zunge aus Filz oder Hasenzähnen. Mit einem Rundgummi wird sie an deinem Kopf festgehalten.

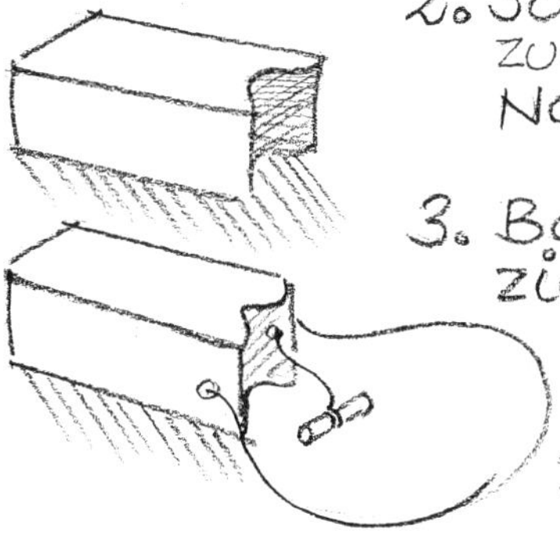

2. Schneide die Schachtel oder Rolle so zurecht, daß sie gut auf deine Nase passt und nicht weh tut.

3. Bohre ein Loch an jede Seite und ziehe das Gummi durch. Binde die beiden Enden an einem Stückchen Streichholz fest. Jetzt kann das Loch nicht ausreißen.

NASEN MODELLE

Abfallkunst auf dem Hut-Karton

Viele Leute schmücken ihre Köpfe mit Hüten, Mützen, Kappen, Melonen oder sogar einem Zylinder. Diese Kopfbedeckungen sind oft auch geschmückt, mit Federn, Blumen oder farbigen Bändern. Manche tragen ihre Kopfzierde auch im Kino oder im Theater. Da freut sich der Nachbar oder Hintermann ganz besonders, weil er nichts mehr sehen kann.
Birgits Hut ist zwar aus Pappe, aber trotzdem etwas ganz Besonderes! Auf dem Karton wurden kunstvoll Dinge festgeklebt, die man in jeder Mülltonne findet. Ein „Kopfputz" zum Nachdenken, wenn man sieht, was alles weggeworfen wird und den Müllberg in der Welt immer größer werden läßt.
Der Apfel allerdings ist nicht echt, sondern aus Plastik.
Dieser Karton, der nicht nur schmückt und vor Regen schützt, ist gleichzeitig eine Maske, hinter der du dich verstecken kannst. Du kannst den Hut-Karton drinnen und draußen, auf Kindergeburtstagsfeiern, beim Karneval und bei vielen anderen Gelegenheiten tragen.

Eine Schweinchennase macht sich dazu besonders gut.

Eifel-Milch
frisch vom Land
Eifel-Milch
Coke

MATERIAL:
1 ALTER PAPPKARTON,
ABFALL *
MESSER, SCHERE,
KLEBSTOFF, PINSEL
UND FARBE *

Masken

Masken gibt es schon seit vielen Jahrtausenden.
Die Zauberer der Völker wollten früher ihre Zauberkraft durch unheimliche Masken stärken. Auch heute noch tragen die Tänzer der Naturvölker ungewöhnliche und furchterregende Masken. Die Tänzer spielen und tanzen die Gestalt, die das Gesicht der Maske darstellt. In vielen Ländern und Gebieten, zum Beispiel in der Schweiz und in Bayern, trägt man zur Fastnacht heute noch Masken, um den Winter auszutreiben. Im Theater, wie der italienischen Commedia dell'arte treten einige Hauptdarsteller nur in Masken auf.
Bau zusammen mit deinen Freunden und Freundinnen Masken. Es müssen nicht die von dem Foto sein: Robbi, Feder-Clown, Elefant und rote Tütentrine.
Dann könnt ihr euch ein Theaterstück ausdenken, Zirkus spielen, einen spannenden Film „drehen" – oder wie wäre es mit einem Maskenball?

MATERIAL: PAPPKARTONS, BIERDECKEL, EIERSCHACHTELN, KREPPAPIER, ALUFOLIE, TOILETTENPAPIER- UND HAUSHALTSROLLENKERNE, ALLERLEI KRIMSKRAMS, DER DIR GEFÄLLT...
MESSER, SCHERE, KLEBSTOFF, TESABAND, PINSEL, FARBE *

Eine Bastelanleitung für Masken brauchst du nicht. Ich habe dir ein paar Ideen aufgezeichnet, obwohl du sicher viel bessere hast. lieber Gruß dein Stefan

Sabine und Stefan wollen Marsbewohner spielen ...
...ihre Freunde haben sich für ein Tütenfest entschieden. Tüten kannst du aus PACKPAPIER ausschneiden und zusammenkleben.
Schnitt und Klebemuster
Knicken und kleben
Knicken und kleben
Schneide diese Form aus Packpapier. Die gestrichelten Linien werden umgeknickt

Sockentheater

Das Krokodil gähnte gewaltig und kuschelte sich an eine alte Dattelpalme. Es schlief ein und träumte von der Prinzessin mit dem roten Wuschelkopf.
Die Prinzessin lebte auf der anderen Seite des Flusses und wurde von der Maus Ringelschwanz bewacht.
Die Maus konnte Krokodile nicht leiden. Jedesmal, wenn das Krokodil mit der Prinzessin spielen wollte, kam sie angesaust und kniff das arme Krokodil in den Schwanz. Weiße Krokodile sind sehr selten. Sie sind friedlich und fressen nur Butterblumen. Am liebsten spielen sie „Häschen in der Grube" oder „Ich sehe was, was du nicht siehst."
Jetzt lag das weiße Krokodil in der Sonne und träumte. Plötzlich wurde es unsanft geweckt. Vor ihm stand Ritter Rotnase mit seinem Glöckchen.
Das Gebimmel störte das Krokodil, denn es war sehr geräuschempfindlich.
„Warum läßt du mich nicht schlafen?" fragte es brummig. „Ich habe dir nichts getan und hatte einen so schönen Traum von der Prinzessin Wuschelkopf."
Da sagte der Ritter Rotnase zu dem Krokodil:...
Jetzt mußt du die Geschichte weitererzählen.
Eine Kasperlegeschichte und Kasper-Theater-Socken-Schauspieler zu erfinden ist ganz leicht und macht viel Spaß.

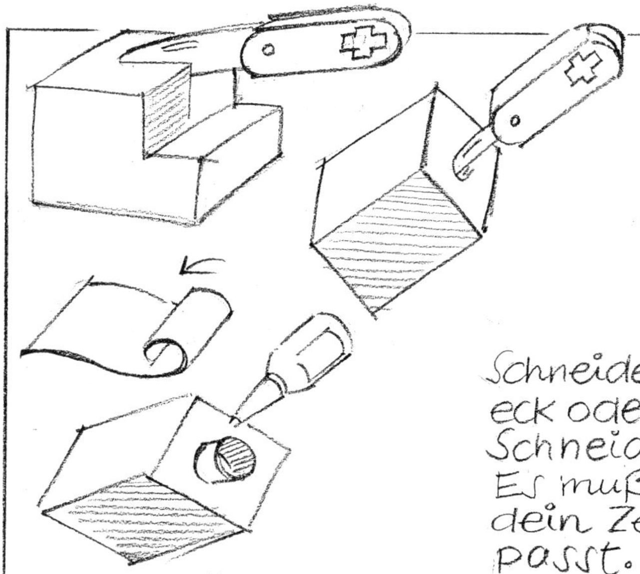

MATERIAL: WEIßE SOCKEN
STYROPOR (VERPACKUNG)
FARBIGER FILZ ODER STOFF,
KNÖPFE, PAPIERBLUMEN,
WOLLE, PAPIERWATTE-
KUGELN, KRIMSKRAMS,
PAPIER * MESSER,
SCHERE, NADEL, ZWIRN,
KLEBSTOFF *

Schneide aus Styropor ein Rechteck oder eine andere Form. Schneide ein Loch in die Mitte. Es muß so groß sein, daß dein Zeigefinger hineinpasst. Drehe aus Papier ein Röhrchen, stecke es in das Loch und klebe es fest. Es muß etwa 2 cm aus dem Loch heraus ragen. Schiebe das Styropor Stück in einen Socken bis in die Fußspitze. Binde mit Zwirn den Socken über dem Röhrchen zusammen. Nähe als Augen 2 Knöpfe an. Eine Papierwattekugel wird die Nase, eine Blume klebst du als Haarschopf auf den Kopf. Du kannst auch Wollfäden nehmen, laß dir etwas einfallen! Viel Spaß

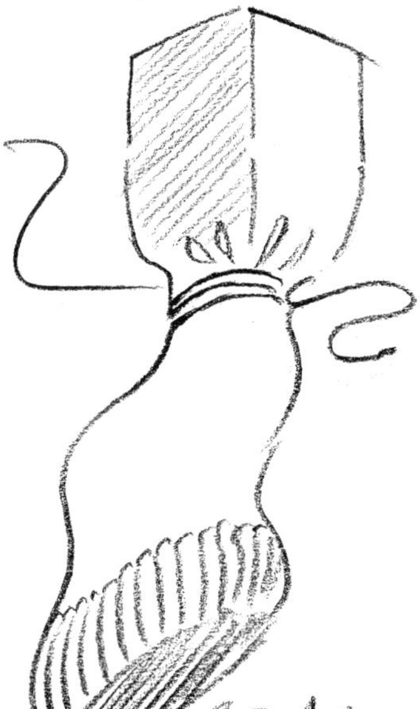

Socken auf links drehen und an der Spitze einschneiden.

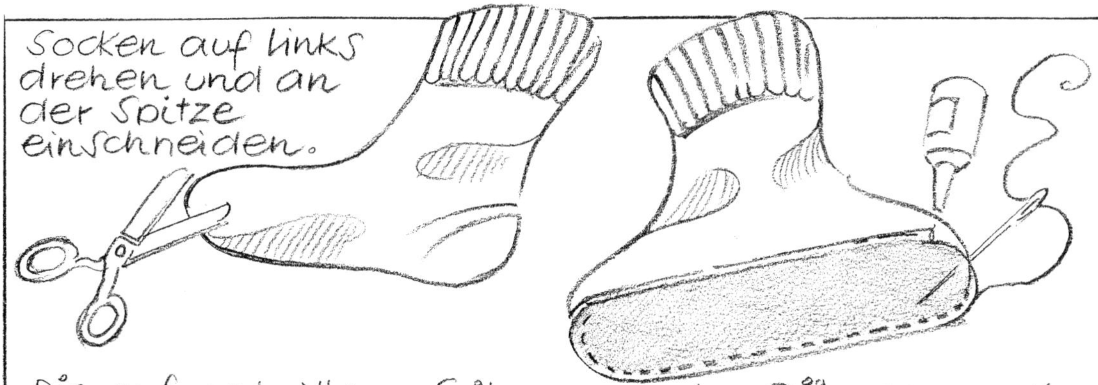

Die aufgeschnittene Spitze an den Rändern mit einem ovalen Stück Filz verkleben und zusammennähen. Socken auf rechts drehen und in ein Krokodil verwandeln.

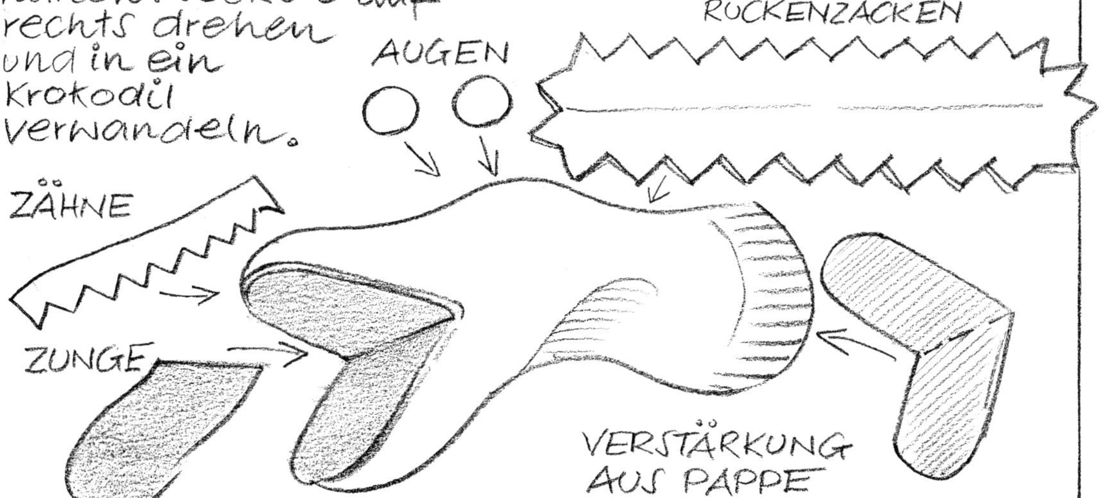

Zähne, Zunge und Rückenzacken aus buntem Filz schneiden und wie die Augen (Papierwattekugeln) festnähen. Zur Verstärkung des Maules ein ovales Stück Pappe in den Socken schieben

Das Löffelwindrad

Wenn der Wind das Löffelwindrad dreht, beginnen die Glöckchen zu klingen. Hast du einen Garten mit Gemüsebeet, oder einen Balkonkasten mit frischen Kräutersamen? Stelle dein Löffelwindrad auf. Kein Spatz, Star oder fette Taube wird sich trauen, den frischen Samen zu klauen, oder an den Salatblättern zu zupfen.
Auch mitten auf einer Wiese sieht es lustig aus. Es dreht sich im Wind und klingelt vor sich hin.

MATERIAL:
1 STYROPORKUGEL Ø 10 cm
PLASTIKLÖFFEL, GLÖCKCHEN,
3 BAMBUSSTÄBE,
2 GROSSE BÜROKLAMMERN,
KONSERVENDOSE *
TASCHENMESSER,
STYROPOR KLEBER, DRAHT,
KLEBEBAND *

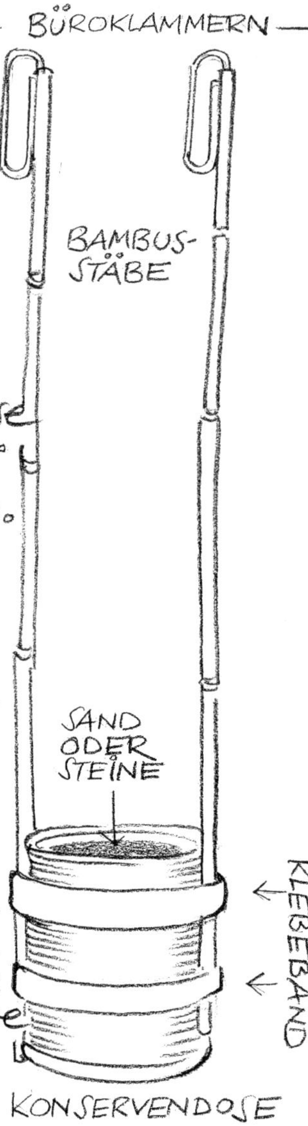

1. Befestige die beiden Bambusstäbe mit Klebeband an der Konservendose. Fülle Sand oder Steine in die Dose. Stecke die Büroklammern wie auf der Zeichnung in die Bambusstöcke.

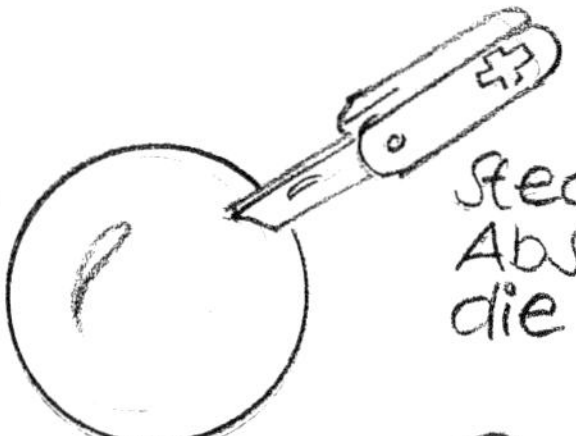

2. Steche in regelmäßigen Abständen Schlitze in die Styroporkugel.

3. Stecke die Löffel hinein, verleime sie und stecke die an Draht gebundenen Glöckchen zwischen die Löffel.

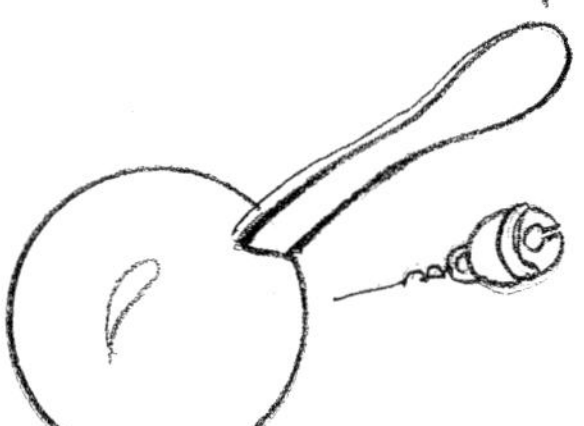

4.

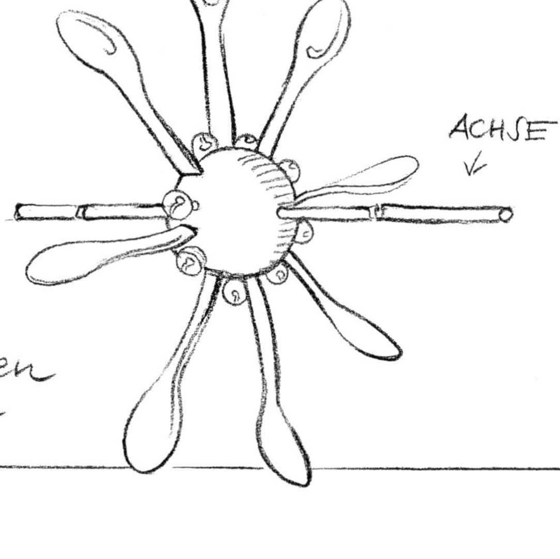

5. Stecke einen Bambusstab als Achse durch die Kugel und hänge das Laufrad zwischen die Bambusstäbe in die Büroklammern.

Gestatten: Robbi Blechbüchse

Bevor Blechbüchsen-Robbi erscheint, kann man ihn schon aus großer Entfernung hören. Es macht einen höllischen Lärm, wenn er angestapft kommt.
Die Blechbüchsen scheppern, und seine Ketten klirren und rasseln.
Trotz seiner glänzenden Rüstung und des gewaltigen Kraches, den er verursacht, ist er ein friedlicher Roboter. Brav geht er Schritt für Schritt, hebt seine Dosenbeine und -arme, kann sich setzen oder seinen Hals verlängern, wenn er etwas genauer anschauen will. Am liebsten marschiert Robbi draußen herum, wenn die Sonne scheint. Er glänzt dann besonders schön und braucht keine Angst zu haben, daß seine Rüstung Rostflecken bekommt.
Wer will, kann Robbi auch an eine Stange hängen und in den Garten stellen. Dann klappert und scheppert er im Wind und verscheucht die Vögel vom Kirschbaum oder vom Gemüsebeet.

MATERIAL:

1 GROSSE KONSERVENDOSE,
1 KLEINE KONSERVENDOSE,
4 GROSSE MILCHDOSEN,
1 KLEINE MILCHDOSE
DRAHT (BÜGEL AUS DER REINIGUNG)
6 SCHRAUBEN, 4 HAKENSCHRAUBEN,
ca 8 m METALLKETTE
HOLZLEISTEN, ZWIRN, 1 PERLE *
HAMMER, ZANGE, SCHRAUBENDREHER,
HOLZBOHRER, 1 GROSSER NAGEL,
TASCHENMESSER *

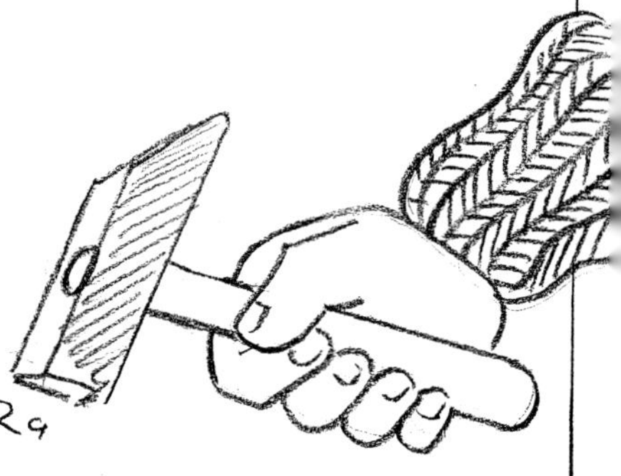

1. Schlage in die Blechdosen an den Stellen kleine Löcher, die mit einem Pfeil bezeichnet sind.

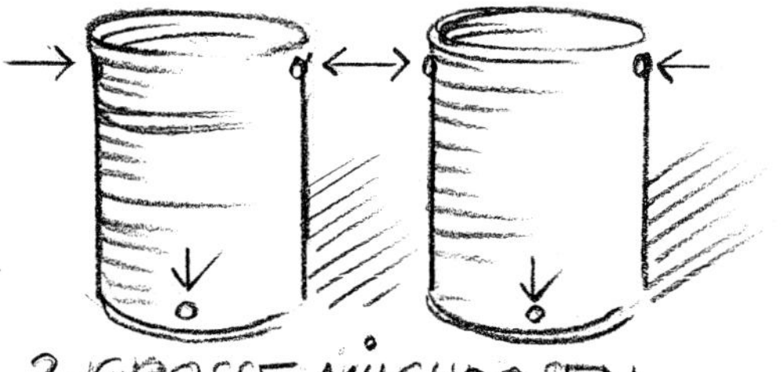

2 GROSSE MILCHDOSEN
(DIE ARME)

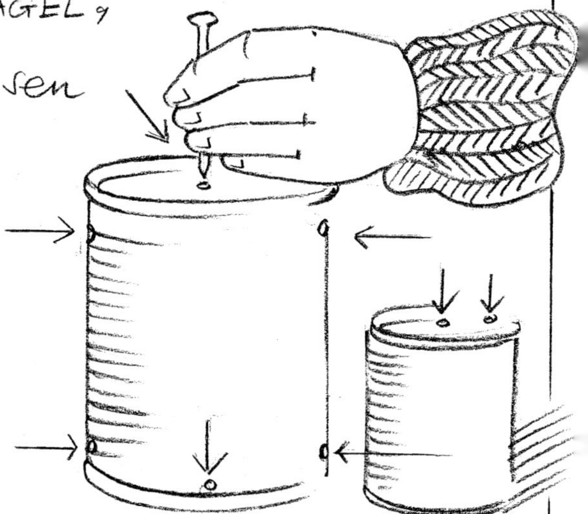

KONSERVENDOSEN
GROSS KLEIN
(DER KÖRPER + DER KOPF)

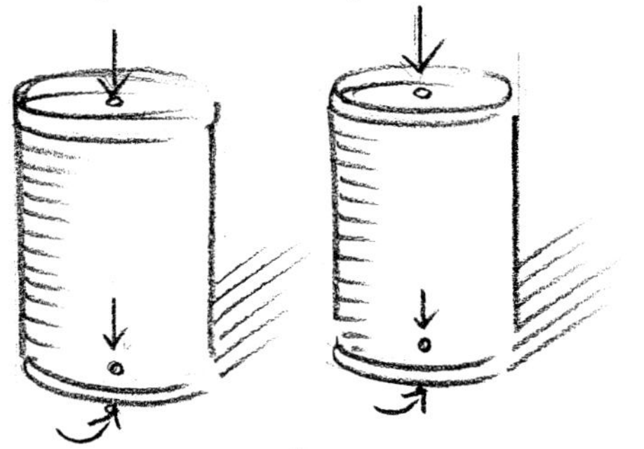

2 GROSSE MILCHDOSEN
(DIE BEINE)

KLEINE MILCHDOSE
(DIE VERLÄNGERUNG DES HALSES

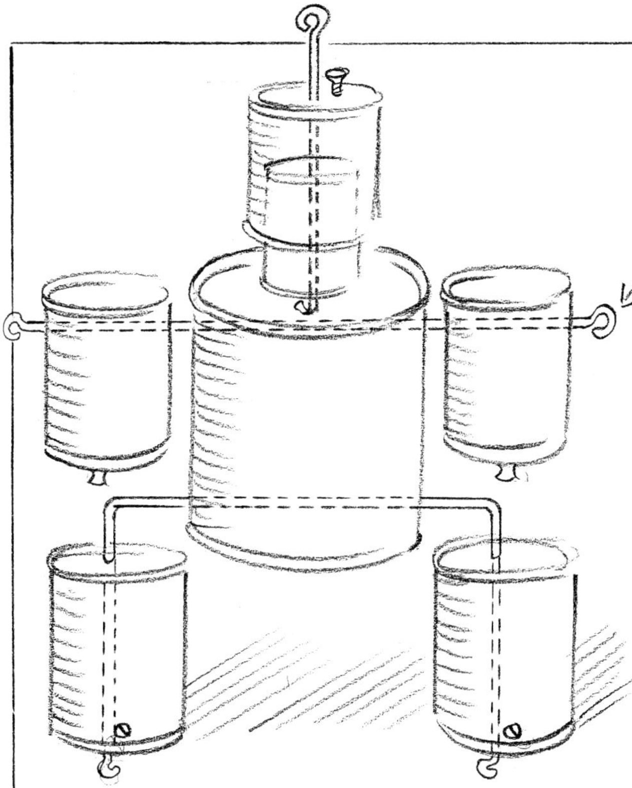

2. Befestige Kopf, Hals
Arme und Beine, wie
auf der Zeichnung,
mit Draht am Körper,
biege die Enden um

3. Drehe in die restlichen
Löcher Schrauben.
Drehe die Schrauben
durch ein Ketten-
glied.

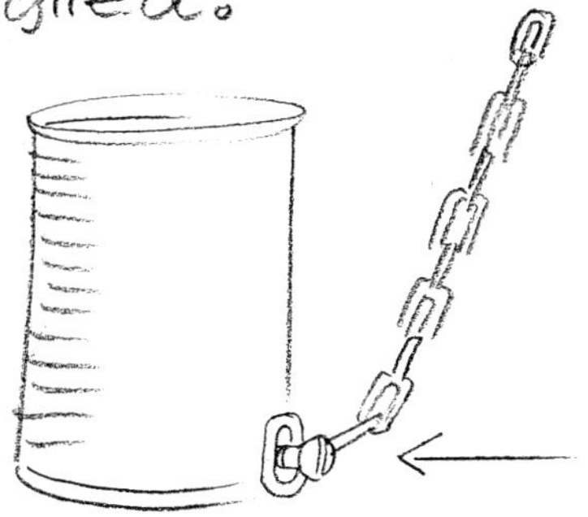

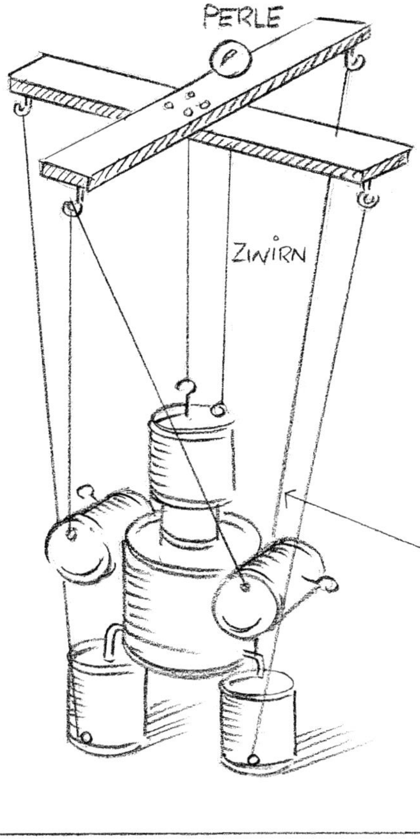

4. Baue ein Holzkreuz
und drehe die
Hakenschrauben
ein. Befestige an
ihnen die Ketten
von Körper, Armen
und Beinen.
Am Kopf wird ein
Stück Zwirn um die
Schraube gebunden.
Das Ende wird durch
ein Loch im "Kreuz"
geführt und an eine
Perle gebunden.
Nun kann man den
Kopf hoch ziehen.

5. Diese Kette am
unteren Teil-hinten
an der Konserven-
dose-festmachen.

Wenn sich die Sandmühle dreht . . .

Wind- und Wassermühlen waren einst wichtige kleine Fabriken, in denen mit Wind- und Wasserkraft Korn zu Mehl gemahlen wurde. Diese Mühlen nutzten natürliche Energien. Der Wind dreht die Windmühlenflügel, und das Wasser bewegte die mächtigen Schaufelräder.
Mit einer einfachen Mechanik wurde die Drehbewegung so umgesetzt, daß zwischen gewaltigen Steinrädern Korn zu Mehl zermahlen wurde. Heute hat man dafür andere Techniken entwickelt, deshalb werden diese Mühlen nur noch von Touristen bestaunt.
Aber vor kurzem hat man sich wieder an die kostenlose und umweltfreundliche Kraft des Windes erinnert.
So entstanden die ersten modernen Windmühlen und liefern bereits Strom.
Ich habe mir für dich eine Sandmühle ausgedacht. Jeder Sandkasten ist ihr willkommen und bringt sie in Schwung. Du kannst auch Wasser in den Behälter füllen und in der Badewanne, auf dem Balkon oder im Garten damit spielen.
Auf den nächsten Seiten zeige ich dir, wie deine Sandmühle das Klappern lernt.

MATERIAL:

1 BLECHDOSE (KAFFEE),
2 HOLZLEISTEN ca 70 cm lang,
4 BRETTCHEN (OBSTKISTE),
1 VIERKANTHOLZ,
1 STÜCK BALKEN,
DRAHT (REINIGUNGSBÜGEL)
2 RINGSCHRAUBEN,
2 NÄGEL * HAMMER, ZANGE,
HOLZBOHRER, PINSEL, FARBE,
DECOFOLIE *

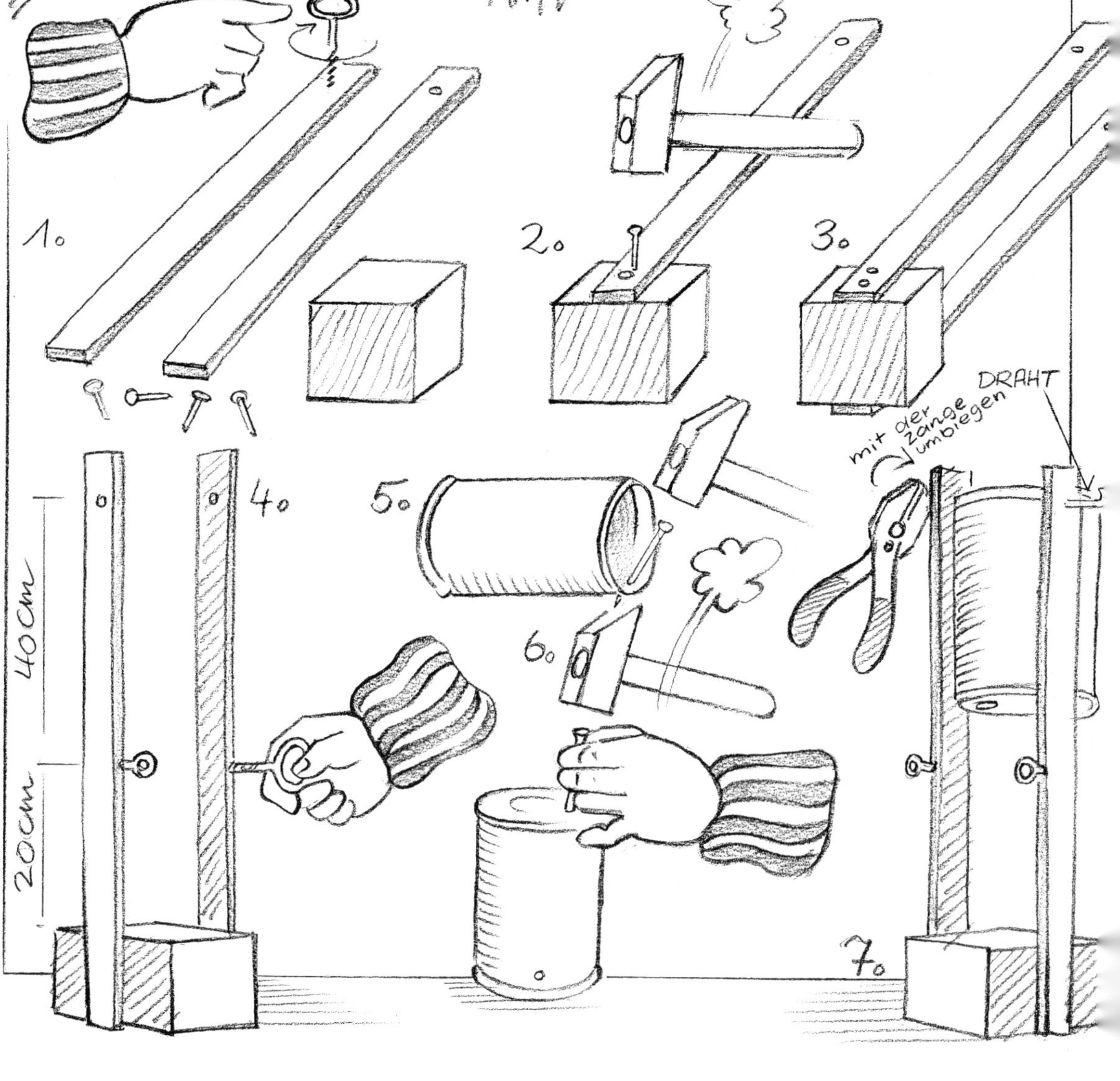

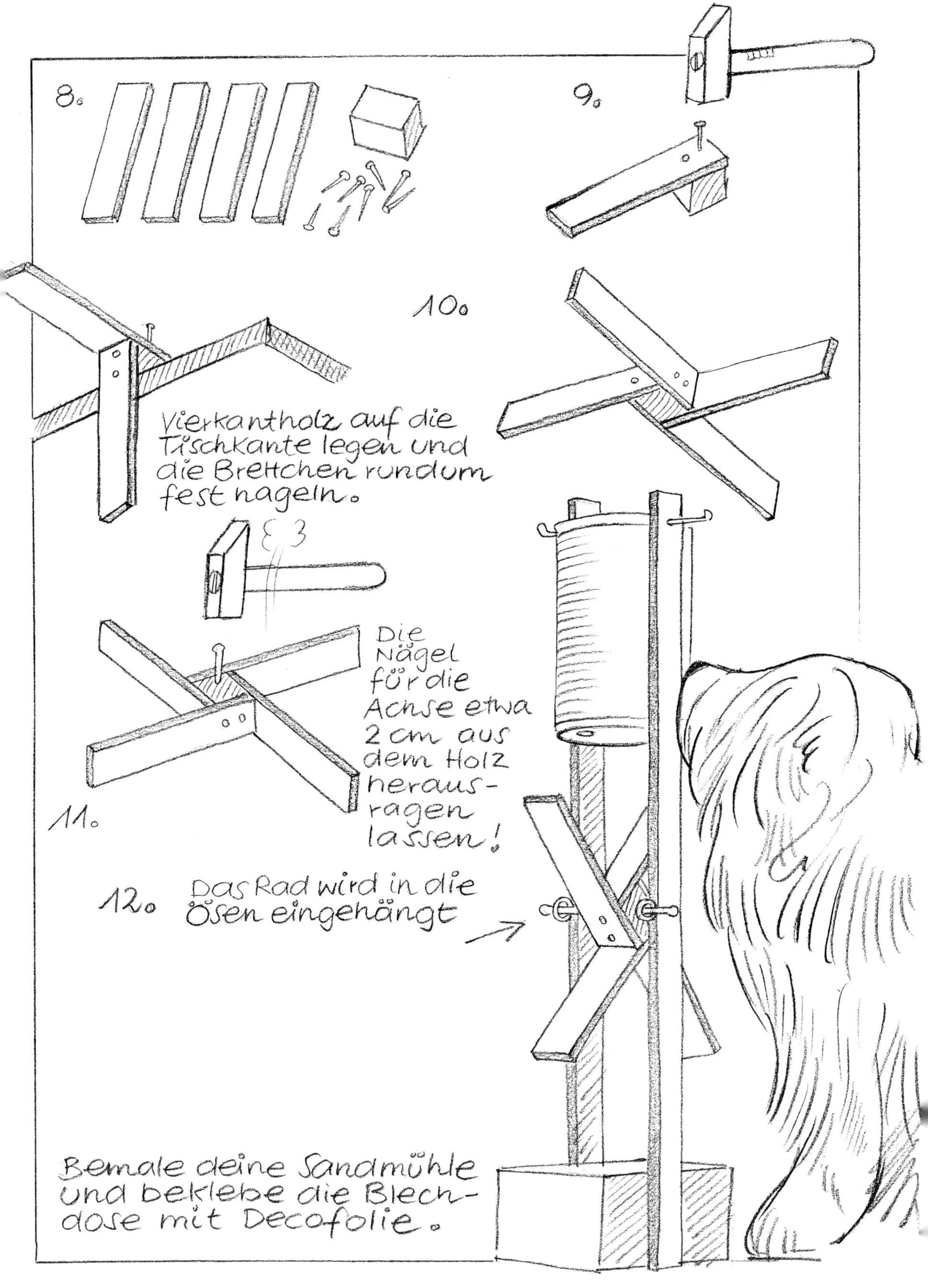
8.
9.
10.
Vierkantholz auf die Tischkante legen und die Brettchen rundum fest nageln.
Die Nägel für die Achse etwa 2 cm aus dem Holz heraus-ragen lassen!
11.
12.
Das Rad wird in die Ösen eingehängt
Bemale deine Sandmühle und beklebe die Blech-dose mit Decofolie.

Schießbude

Es ist Kirmeszeit. Der Krimesplatz duftet nach türkischem Honig, gebrannten Mandeln, Popcorn und Bratfisch.
Das Kettenkarussell dreht sich, eine Drehorgel spielt; dann beginnen die Raupe, die Achterbahn und das Teufelsrad ihre rasende Fahrt. Die Losbuden, behangen mit bunten Teddybären, locken durch ihre Ausrufer die Besucher. Wer träumt nicht davon, einmal in seinem Leben auf der Kirmes einen der großen Bären zu gewinnen?!
In den Schießbuden kann man nicht mit Glück, sondern mit Können etwas gewinnen. Mit einem meist merkwürdig krummen Gewehr muß man versuchen, weiße Tonröhrchen zu treffen. Wenn man gut zielen kann, zerspringen die Röhrchen und ein Fähnchen, eine Rose oder eine andere Blume fällt herunter. Meist aus Plastik, oft aber auch aus wunderschönem Kreppapier, bestreut mit Silberglimmer.
Schießbuden sind nur für Erwachsene da. Das ist gut so, denn es ist auch ein bißchen gefährlich. Unsere Schießbude mit der Papierwattekugel-Kanone ist von allerfeinster Art und speziell für Kinder entwickelt. Man muß vorsichtig versuchen, die Wattekugel in ein Röhrchen zu schießen. Schießt man zu fest, dann prallt die Kugel ab und springt aus der Bude heraus. Schießt man zu vorsichtig, landet die Kugel vor der Schießbude im Gras – man braucht also viel Fingerspitzengefühl... Ich bin gespannt, wer von euch Schießbudenkönig wird – schreibt mir mal!
Bei diesem Spiel gilt übrigens die alte Jägerregel: ziele niemals auf einen Menschen, auch wenn deine „Kanone“ nicht geladen ist!

SCHIESS
BUDE
100
50
90
20
30
100
20
80
80

MATERIAL:
GROẞER SCHUHKARTON,
HAUSHALTSROLLEN KERNE (Z.B. ALUFOLIE)
VIERKANTLEISTE 1 cm × 1 cm
RUNDHOLZ Ø ca 3 mm, BUNTPAPIER,
2 GUMMIRINGE, 3 BIERDECKEL,
PAPIERWATTEKUGELN, 3 DICKE HOLZPERLEN ✱ TASCHENMESSER, HAMMER,
NÄGEL, PINSEL, PLAKA ODER
ACRYLFARBE, KLEBSTOFF ✱

1. Bohre ein Loch durch den Vierkantstab - stecke ein Rundholz durch und klebe es fest. Nagle auf das andere Ende eine Scheibe aus Pappe. Sie muß gut in die Röhre passen (nicht klemmen!).
2. Befestige an der Röhre die Gummiringe (einfach durch je ein Loch ziehen (siehe Zeichnung). Hänge den Stab mit dem Rundholz in die Ringe.
3. Nagele je 1 Bierdeckel auf jedes Ende eines Vierkantholzes (s. Foto).

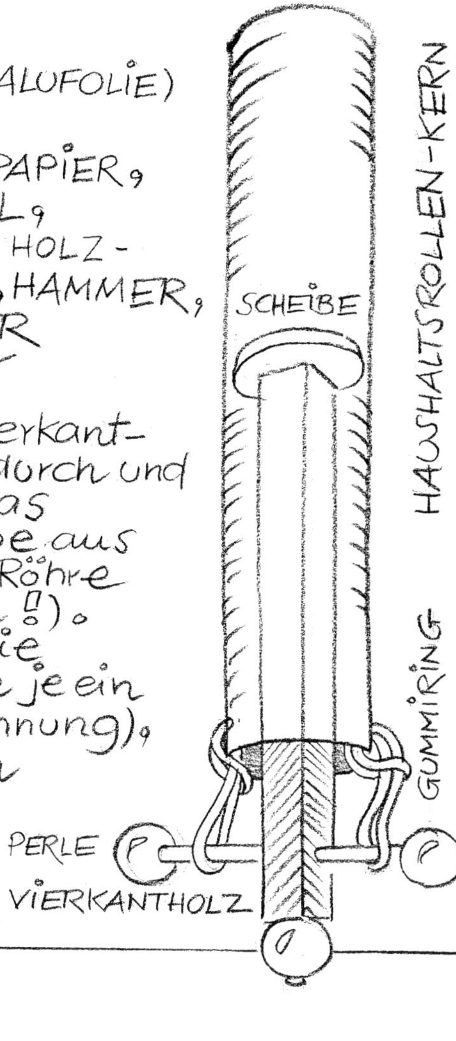

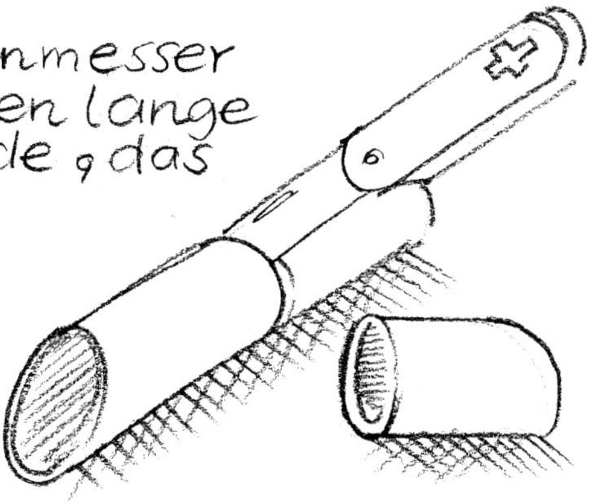

4. Schneide mit dem Taschenmesser die Rollen in verschieden lange Stücke - ein Ende gerade, das andere Ende schräg!

5. Klebe die Stücke nach dem Bemalen mit dem schrägen Ende in den Karton.

6. Schreibe Zahlen auf Papier. Schneide sie aus und klebe sie neben die Rohrstücke in den Karton.

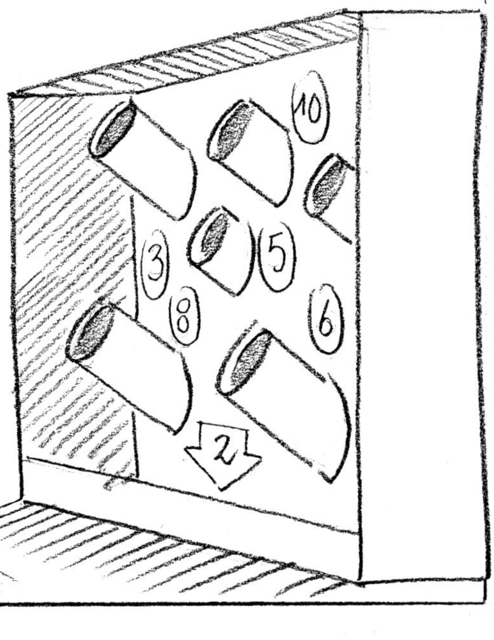

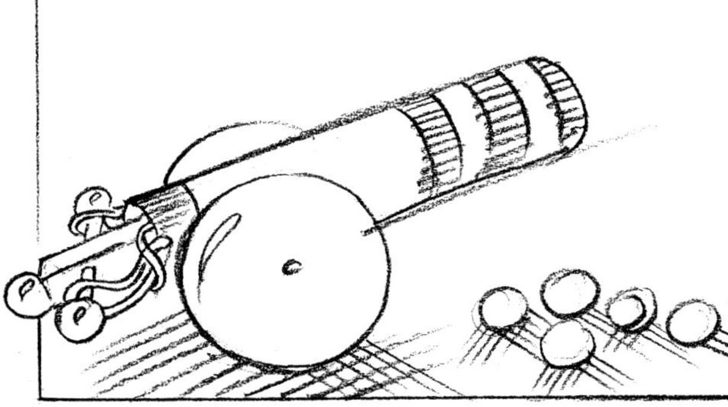

Purzel-Clown

Purzel-Clowns sind vergnügte Gesellen mit einer kleinen Eisenkugel im Bauch. Sie sind gar nicht schwer zu basteln, ich habe viele davon.
Du brauchst nur wenig Material und wirst bestimmt viel Spaß mit den munteren Burschen haben!
Die genaue Bastelanleitung steht auf den nächsten Seiten.

Ein Purzel-Clown schlägt Purzelbaum
und ist sehr lustig anzuschaun.
Mal Po, mal Kopf guckt frech nach oben,
so sieht man ihn heruntertoben.
Ein schräges Brett muß man ihm geben,
ein Brett, das ist sein Purzelleben!

MATERIAL:
BUNTER FILZ, ZEICHEN- UND TRANSPARENTPAPIER, KLEINE EISENKUGELN, PAPPE, KREPPAPIER ✳

SO SIEHT DAS AUFGEKLAPPTE FILZKOSTÜM AUS

KOSTÜM:

1. Lege ein Stück Transparentpapier auf die Vorlagen und pause sie ab.
2. Schneide das "KOSTÜM" aus. Falte ein Stück Filz. Lege die gestrichelte Linie an die Filz-Falte. Umrande die Form mit einem Kugelschreiber. Schneide den Filz entlang der Linie aus. An der gestrichelten Linie (FILZ-FALTE) wird nur der Hals ausgeschnitten.
3. Übertrage Hände und Füße auf Zeichenpapier und schneide sie aus
4. Klebe die Hände zwischen die Filz-Ärmel und die Füße zwischen die unteren Enden der Hose - siehe Zeichnung

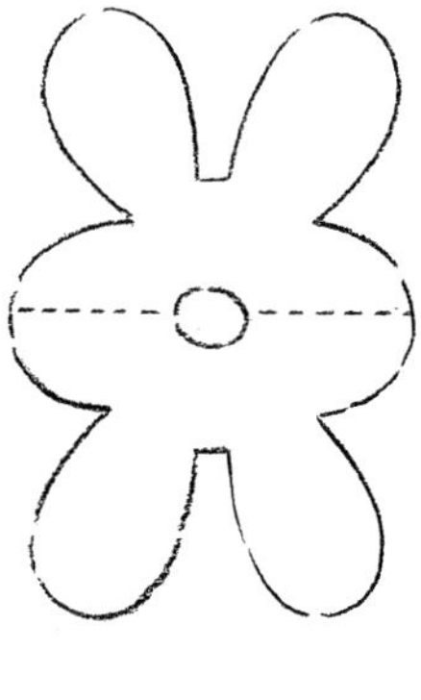

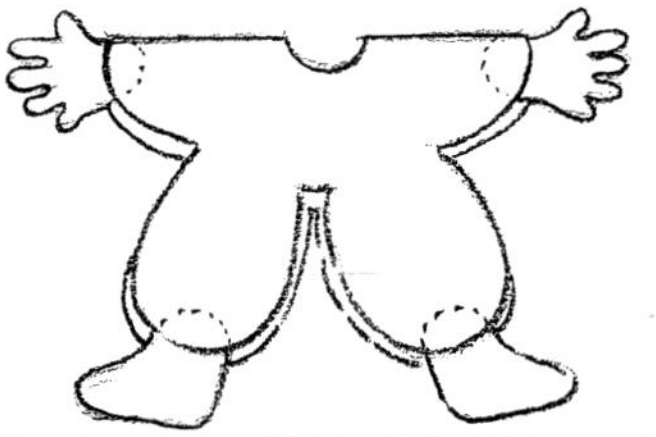

* PAUSVORLAGEN

* SCHERE, KLEBER *

KOPF UND KÖRPER:

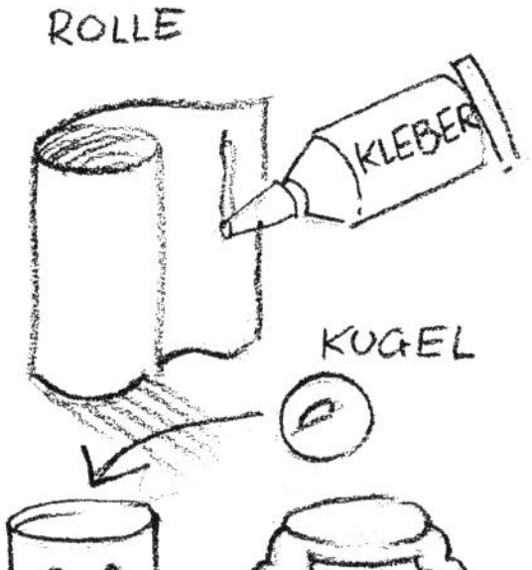

1. Drehe aus Zeichenpapier eine kleine Rolle - 50 mm lang - Ø 20 mm.
2. Klebe sie zusammen.
3. Male ein Gesicht auf die Rolle.
4. Lege eine kleine Eisenkugel in die Rolle. Klebe beide Enden mit Filz zu, oben (Kopf) mit Haaren oder Kappe, unten mit der Farbe des Kostüms.

5. Klebe die fertige Rolle so in das Kostüm, daß sie unten mit dem Kostümausschnitt abschließt.
6. Überziehe ein Stück Pappe mit Krepp-papier und stelle es schräg auf. Jetzt können die PURZEL-CLOWNS purzeln.

Das Pick-Nick Huhn

„Du dummes Huhn“ ist eine geflügelte Redensart. Ob Hühner wirklich dumm sind, weiß ich nicht. Ich weiß nur, daß sie nicht gut fliegen, aber prima rennen können. Wenn man durch ein kleines Dorf oder an einem Bauernhof vorbeifährt, kann es passieren, daß sich plötzlich ein Huhn todesmutig im letzten Moment vor dem Auto über die Straße stürzt. Manchmal kann es sich nicht entscheiden. Es rennt los, bleibt mitten auf der Straße vor dem Auto stehen und eilt aufgeregt wieder zurück.
Hühner stelzen den ganzen Tag über die Wiesen und über den Hof, picken und scharren nach Leckerbissen. Lustig sieht es aus, wenn der Wind von hinten kommt. Er plustert die Hühner auf, und sie sehen aus wie dicke Federbälle. Misthaufen sind bei Hühnern besonders beliebt, und wenn sie ein Ei gelegt haben, zeigen sie das mit überschwenglichem Gegacker an.
Oft verstecken sie ihre Eier auch an den unglaublichsten Stellen.
Will man sie in den Stall treiben, rennen sie vor der offenen Türe hin und her, so als hätten sie den Stall noch nie gesehen und wüßten nicht, wie man hineinkommt. Hühner sind schon merkwürdig, aber auch sehr nützlich!
Das Pick-Nick-Huhn braucht weder Stall noch Misthaufen, es legt allerdings auch keine Eier. Es sitzt nur auf seiner Stange, schön, bunt und lustig, und man kann endlos lange mit ihm spielen.

Es pickt und nickt, das Pick-Nick Huhn.
Hat auf der Stange nichts zu tun
als picken, nicken und zu ruhn.
Der Kopf geht hoch, der Schwanz geht runter,
es pickt vergnügt und wackelt munter
mit seinem Schwanz – es ist ein bunter.

MATERIAL:
1 KORKEN, 1 STYROPORKUGEL
Ø ca 6 cm, ROTER FILZ,
HOLZLEISTE, BUNTE FEDERN,
ANGLER-BLEI, ZWIRN,
2 LANGE NÄGEL *
TASCHENMESSER, SCHERE,
KLEBER, PINSEL UND
FARBE *

1. Schneide einen Korken an 2 gegenüberliegenden Seiten flach zu:

2. Schneide einen Schlitz in das dicke Ende, stecke den zugeschnittenen Kamm hinein und klebe ihn fest.

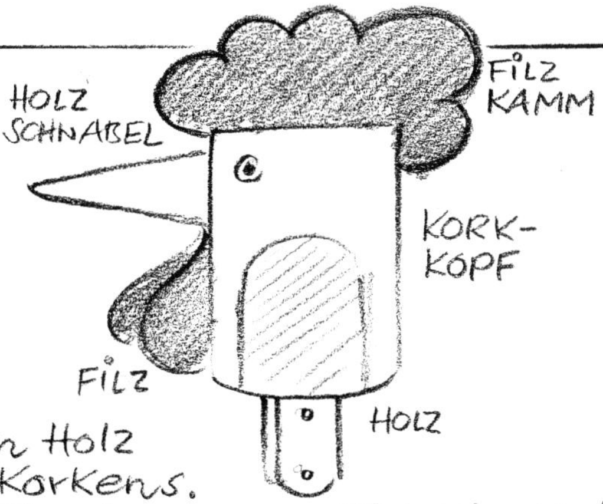

3. Stecke ein flaches Stückchen Holz in das schmale Ende des Korkens.

4. Schnabel und Farbe vervollständigen den Pick-Nick-Kopf.

5. Klebe farbige Federn an ein kleines, flaches Holzstückchen.

6. Bohre in das Holz von Kopf und Schwanz je zwei Löcher.

7. Schneide in die Styroporkugel zwei sich gegenüberliegende 5 mm breite Schlitze.

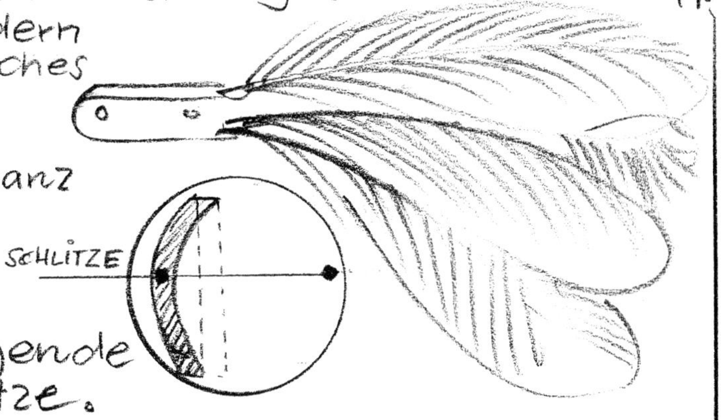

8. Binde Zwirn an das untere Loch von Hals und Schwanz.

9. Setze den Hahn wie auf der Zeichnung zusammen.

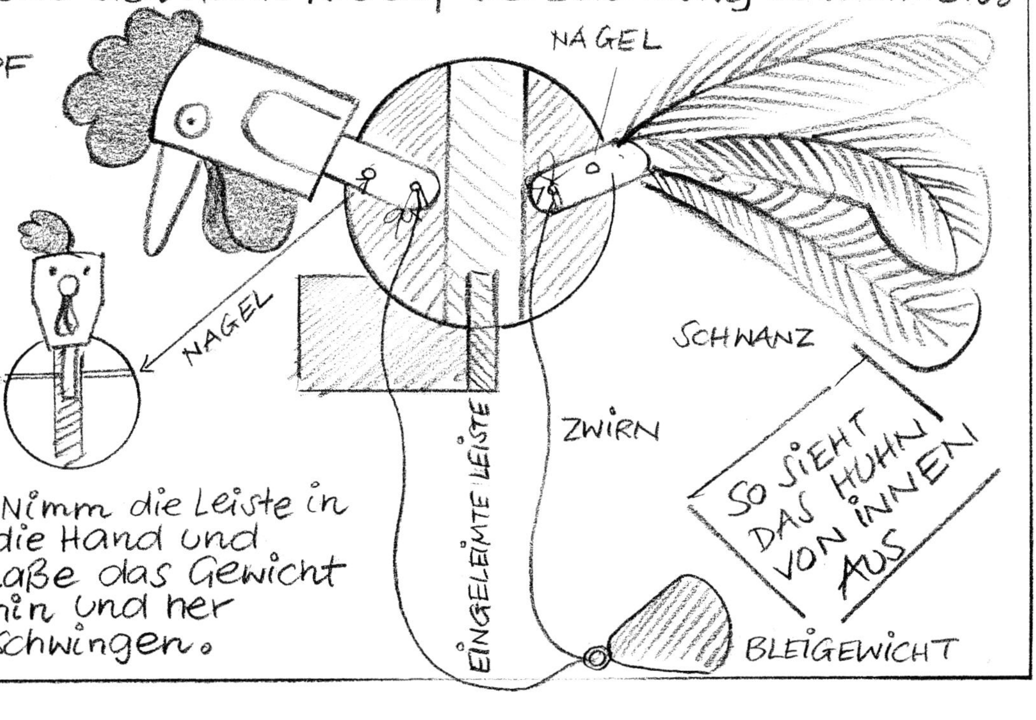

10. Nimm die Leiste in die Hand und laße das Gewicht hin und her schwingen.

Tiere, Clowns und Akrobaten

Der Zirkus kommt...
Einige Passanten sehen dem Elefanten verwundert nach, der zwischen den Autos auf der Fahrbahn geht. Gemächlich und vorsichtig schreitet er zwischen ihnen hindurch. Clowns und Akrobaten begleiten ihn. Sie verteilen Freikarten, bunte Luftballons und kleine rote Clown-Pappnasen. „Morgen ist Premiere", rufen sie und läuten mit einer großen Glocke.

Lange vorher hatten Plakate das Kommen des Zirkus angekündigt, jetzt ist er da! Unzählige Besucher staunen über ein buntes Programm. Ein Tiger reitet auf dem Elefanten, ein Bär klettert auf eine Leiter und balanciert einen Ball. Der Dompteur hält seinen Kopf in das weit geöffnete Maul des Löwen.
Nach einigen Tagen zieht der Zirkus weiter. Die Lichter sind erloschen, das Zelt ist abgebaut und nur noch ein Haufen Sägemehl erinnert an den Zirkus. Viele Kinder sind traurig, denn so oft kommt kein Zirkus in die Stadt. Es gibt nicht mehr so viele wie früher. Da es lange dauert, bis ein Zirkus wiederkommt, kannst du dir einfach einen eigenen Zirkus basteln.
Jetzt kannst du mit deinen Freunden immer wieder neue Kunststücke erfinden und eigene Vorstellungen geben.
Lade deine Eltern und Geschwister doch einmal zu einer Zirkusvorstellung ein.

MATERIAL:
STYROPOR (VERPACKUNG)
SCHASCHLIKSTÄBCHEN *
EIN SCHARFES TASCHENMESSER
ODER EIN SCHNEIDEMESSER
FÜR TAPETEN,
KLEBSTOFF, PINSEL UND
PLAKA ODER ACRYLFARBEN *

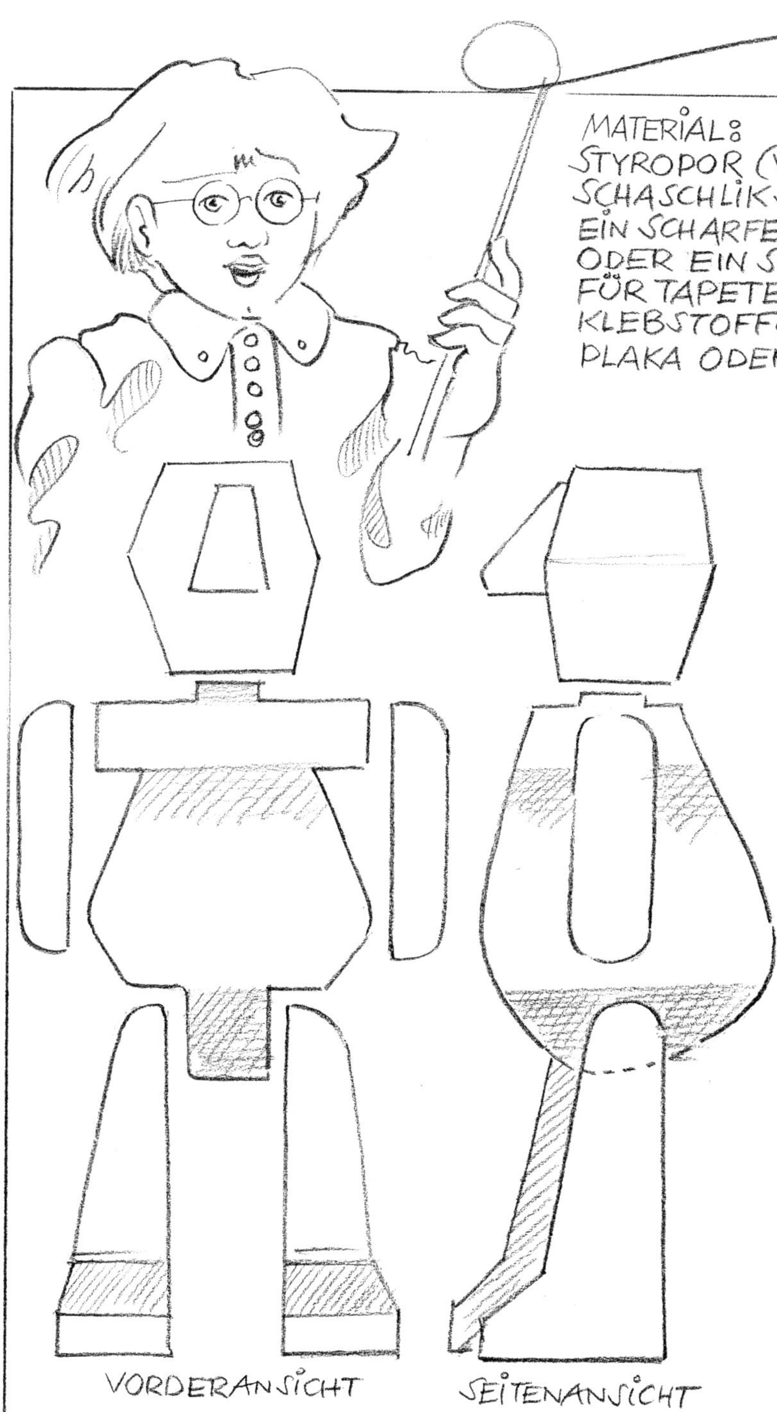

So sehen Kopf, Körper, Arme und Beine aus. Du kannst sie beliebig verändern, es ist nur wichtig, daß die Ansätze für die Arme und der Einschnitt für die Beine am Körper nicht vergessen werden

Bemale deine Artisten, bevor du sie zusammenbaust. Bohre mit einem Schaschlikstab ein Loch durch den Körper 1. für die Arme 2. für die Beine 3. für den Kopf. Schneide die Stäbchen auf die richtige Länge und befestige Arme, Beine und Kopf mit dem Körper. Kopf, Arme und Beine werden am Stab verklebt.

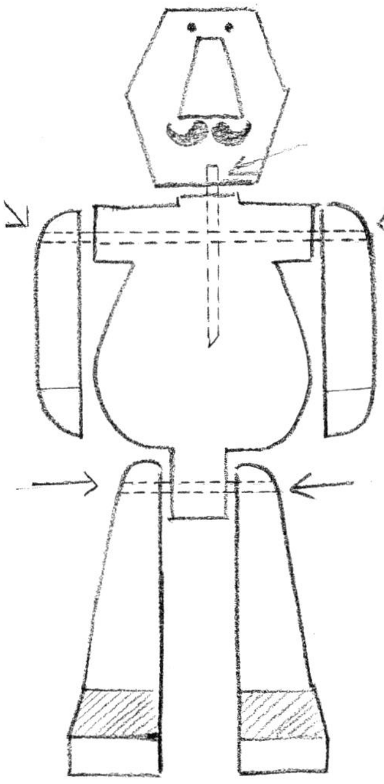

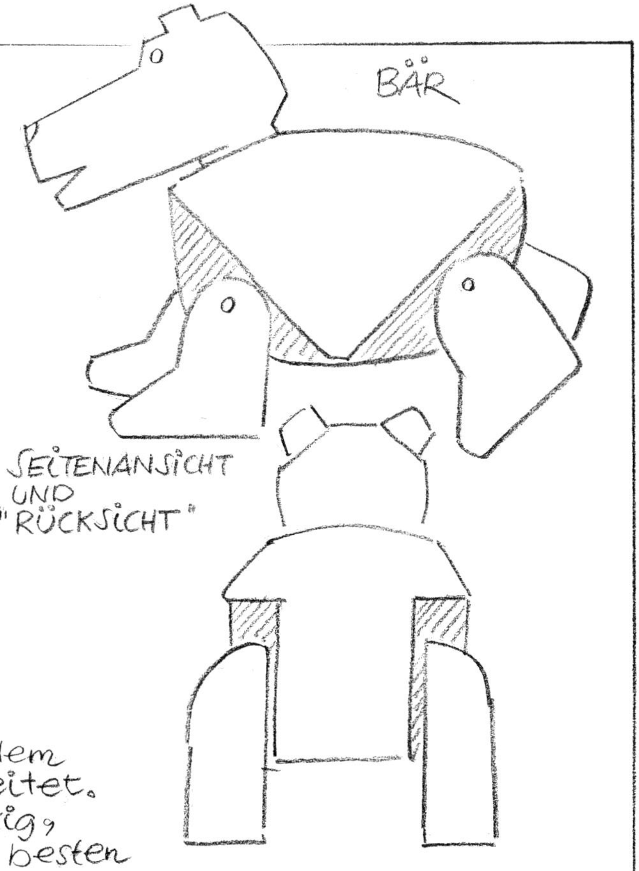

Alle Figuren sind nach dem gleichen System gearbeitet. Es wirkt alles etwas eckig, weil Styropor sich so am besten schneiden läßt.

Federvogel

Der Federvogel fliegt an einem dünnen Faden durch die Luft.
Je länger der Faden ist, desto weiter sind die Kreise, die der Federvogel zieht. Bunt wie ein Papagei aus dem Urwald wird er die anderen Vögel in Erstaunen versetzen. Du kannst ihn auch hinter dir her fliegen lassen.
Je schneller du läufst, desto schneller fliegt dein Vogel und dreht sich sein Schwanz. Auf dem Bild saust er gerade über einen Teich. Wenn du ihn an einen Baum hängst, schwingt und dreht er sich sanft im Wind.

MATERIAL:
1 TOILETTENPAPIERKERN,
1 KORKEN, WATTE PAPIER-
KUGELN, GÄNSEFEDERN
SCHNUR UND STOCK, 2 PERLEN *
KLEBSTOFF, PAPIER,
PINSEL UND FARBE

1. Stecke in einen Korken 4 Federn. Bohre einen Nagel durch ein Stück Pappe. Stecke 2 Perlen auf den Nagel und spieße darauf den Korken. Leime die Pappe auf ein Kern-Ende. Schneide die überstehenden Teile ab. Stecke in den noch offenen Teil des Kerns eine Papierwattekugel, klebe sie fest; 2 Kugeln werden die Augen, eine eingeschnittene Kugel der Schnabel. Links und rechts 2 Federn als Flügel, dann eine Schnur mit Schlaufe an dem Kern befestigen, bemalen – fertig!

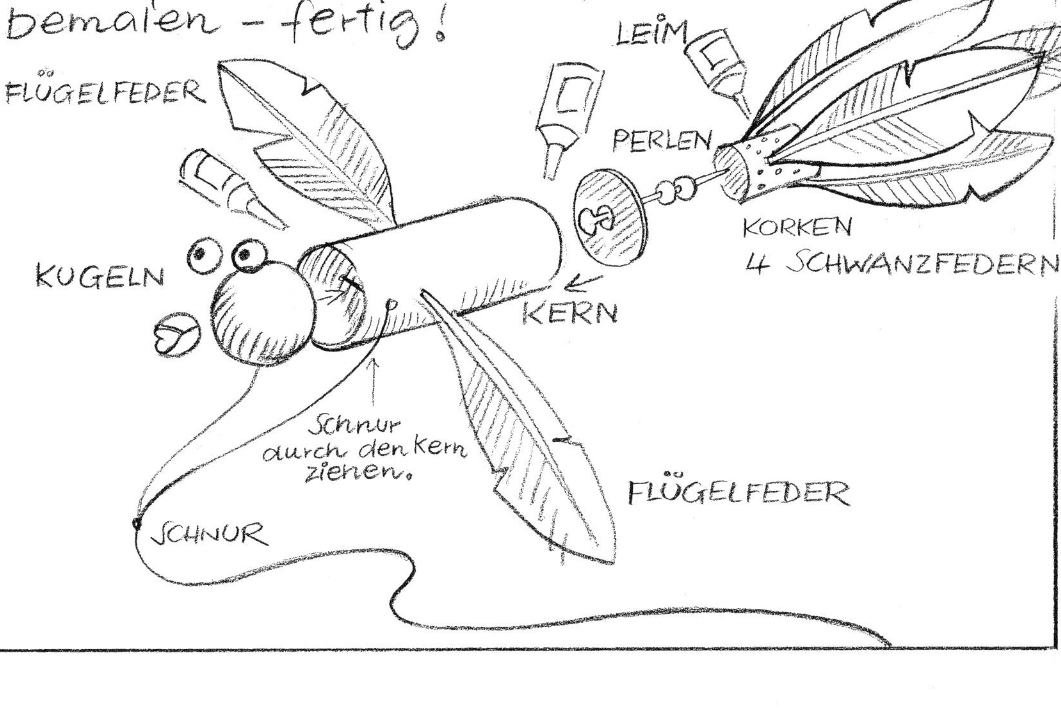

Drachen und Windvögel

Das phantastische Spiel mit dem Wind und den Drachen stammt aus China und ist uralt. Eine Legende erzählt von Mao Tzu, der eine hölzerne Taube fliegen lassen wollte. Eine andere sagt, ein Fischer sei auf die Idee mit den fliegenden Stoffdrachen gekommen, als er das prallgefüllte Segel seines Bootes sah. Eine dritte Geschichte berichtet von einem unbekannten Mann, der seinen Hut an einer Schnur steigen ließ, um seine Kinder zum Lachen zu bringen. Niemand weiß es genau, wer zuerst den schönen Einfall hatte, aber es wurde nicht nur ein Spiel für die reichen Chinesen, sondern ein Volkssport.

Es war jedoch nicht nur ein Freizeitvergnügen. Der Drachen diente außerdem religiösen Zwecken, Bauern setzten ihn auf den Feldern ein, um die Vögel zu vertreiben, Fischer angelten mit ihm oder benutzten ihn als Zugdrachen für ihre Boote. Diebe sollen mit Drachen aufgestiegen sein, um die goldenen Schindeln von den Dächern der Tempel zu stehlen. Im Krieg verständigten sich Soldaten mit Drachen, und aus belagerten Städten wurden angeblich Männer damit aus- und eingeflogen. Das alles geschah vor mehr als 2000 Jahren.

Von China aus trat der Drachen sodann seinen „Siegeszug“ um die ganze Welt an. Von Japan nach Ozeanien, Indien, Arabien, Nordafrika und schließlich Europa.
Bei uns ist der Drachen seit Jahrhunderten ein Spielzeug, das bis heute seine begeisterten Liebhaber findet – nicht nur Kinder, auch Erwachsene lassen Drachen steigen. Aus den frühen Drachen-Formen wurde zuerst der Gleiter, dann das Flugzeug entwickelt. Sogar die modernen lenkbaren Fallschirme und die Drachenflieger haben ihren Ursprung in den alten chinesischen Drachen.
Die Fotos zeigen Drachen und fliegende Würste, die von Kindern bei einem großen Drachenfest gebaut wurden. Es gibt wunderschöne, herrlich fliegende Drachen, einen habe ich für dich zum Basteln aufgezeichnet.

MATERIAL:
1 WEICHHOLZLEISTE 100 cm LANG
1 RUNDSTAB 40 cm LANG Ø 2 cm
BINDFADEN, BUNTES KREPPAPIER
LEIM ✳ SCHERE, TASCHENMESSER,
HAMMER + NAGEL

1. Mache die Weichholzleiste naß, dann läßt sie sich besser biegen.

2. Kerbe die Leiste an beiden Enden ein, damit der Bindfaden nicht abrutscht.

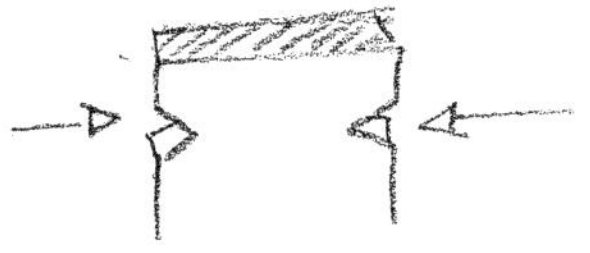

3. Biege die Leiste und befestige sie an dem Rundstab, wie auf der Zeichnung zu sehen ist.

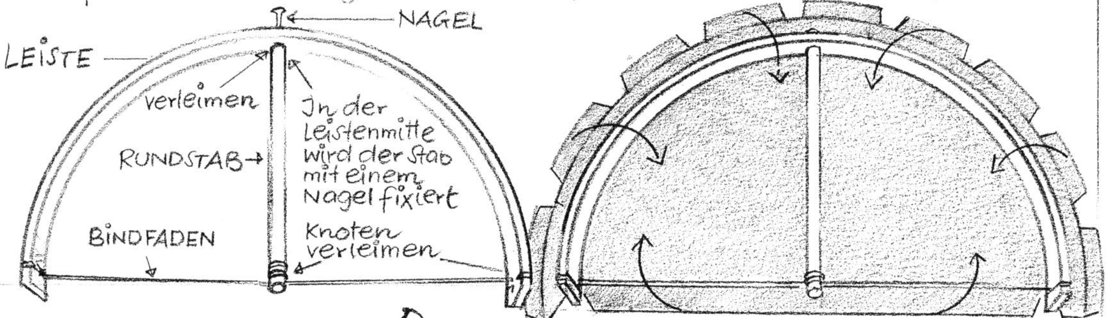

Den Bogen auf Kreppapier legen; ausschneiden und um den Bogen kleben.

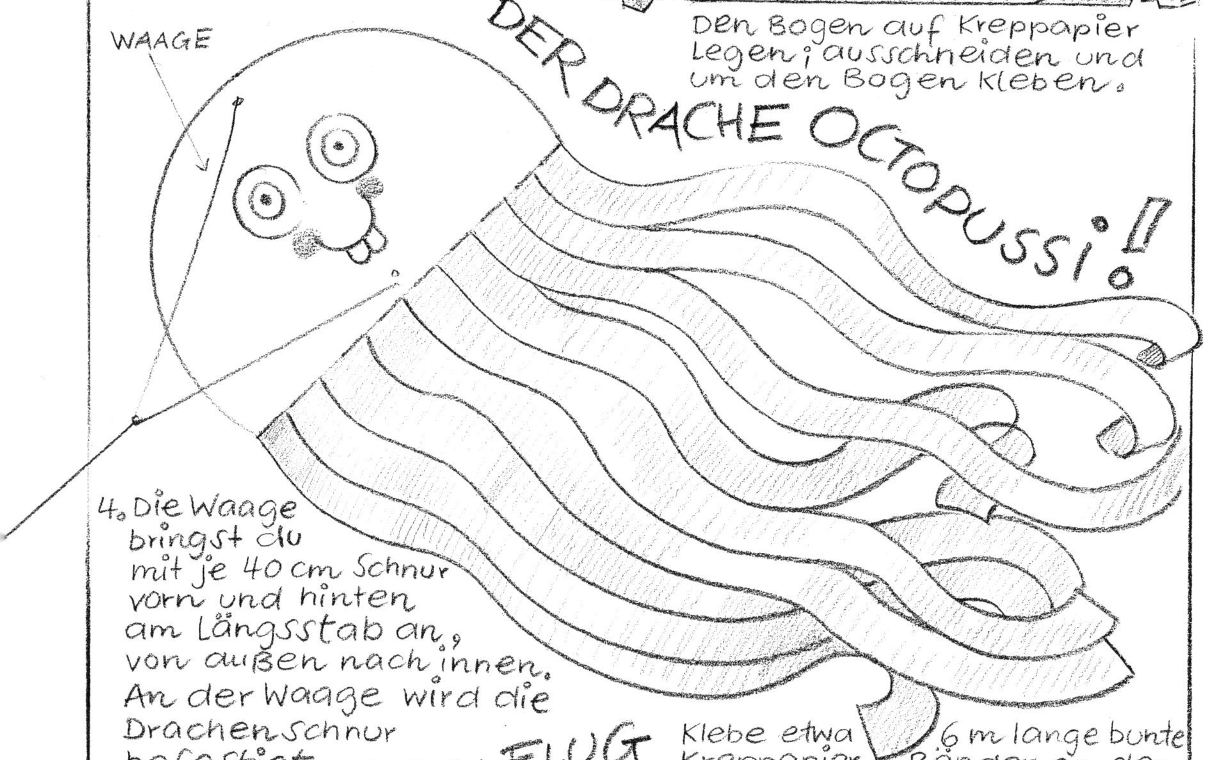

4. Die Waage bringst du mit je 40 cm Schnur vorn und hinten am Längsstab an, von außen nach innen. An der Waage wird die Drachenschnur befestigt.

GUTEN FLUG

Klebe etwa 6 m lange bunte Kreppapier Bänder an den unteren Rand des Bogens.

TASCHENTUCH-DRACHE

MATERIAL:
1 SEIDENTASCHENTUCH (ODER SEIDENPAPIER)
2 DÜNNE ÄSTE IN DER LÄNGE DES TUCHES
3 SCHNUR

Die Äste werden in der Mitte zusammen gebunden. Das Tuch (oder Seidenpapier) wird an den Astenden verknotet. Der Drachenschwanz hat die vierfache Länge des Drachens. Die zweischenklige Waage muß je nach Größe des Drachens ausbalanciert werden.

(TASCHENTUCH- UND SPITZBOGENDRACHEN SIEHST DU VON HINTEN)

Papp-Truck

Trucks nennt man die riesigen Lastwagen, die in Amerika alle möglichen Waren von einer Stadt zur anderen transportieren. Voll glänzendem Chrom, bunt bemalt und nachts beleuchtet wie ein Weihnachtsbaum dröhnen sie über die unendlich langen Highways. (Trucks sind bis zu dreißig Meter lang, und ihr Auspuff erinnert an einen Schornstein.) Gewaltige Dieselqualmwolken schleudert der Motor in die Luft.
Unser Truck ist aus vielen Pappkartons gebastelt. Seine Räder bestehen aus Bierdeckeln, sein Auspuff und seine Scheinwerfer aus Papprollen.
Sein Chrom ist Alufolie. Die Ladefläche kann man mit Sand, Kieselsteinen, Bauklötzen und anderen Dingen beladen. Er transportiert fast alles.

Deine Hand ist sein Motor, und mit deiner Stimme kannst du das typische Dröhnen der echten Trucks nachmachen. Mit ein wenig Phantasie fährst du mit deinem Pappkarton-Truck aus deinem Kinderzimmer direkt bis nach Amerika.

MATERIAL:
1 SCHUHKARTON,
KLEINE UND GROSSE SCHACHTELN,
(ZAHNPASTA · GLÜHBIRNEN · KLEBSTOFF USW)
HAUSHALTSROLLENKERNE,
ALUFOLIE, PAPIER, 8 BIERDECKEL,
2 RUNDSTÄBE *
TASCHENMESSER, SCHERE, KLEBSTOFF,
PINSEL UND ACRYL
ODER LACKFARBE

1.

Das Fahrerhaus:
Schneide in einen Karton, der gut in die Schuhschachtel passt Seitenfenster, Vorder- und Rückfenster. Lasse bei dem Vorderfenster einen Pappstreifen stehen und klappe ihn nach oben.

2.

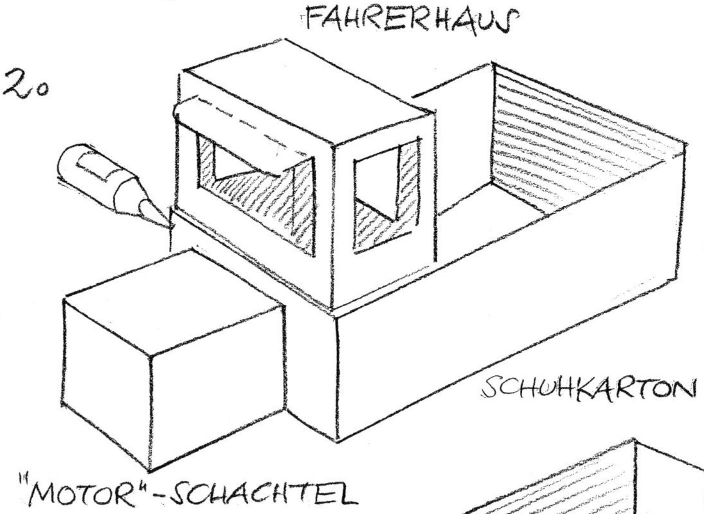

Klebe das Fahrerhaus in den Schuhkarton und an den Schuhkarton als "Motor" eine große Schachtel.

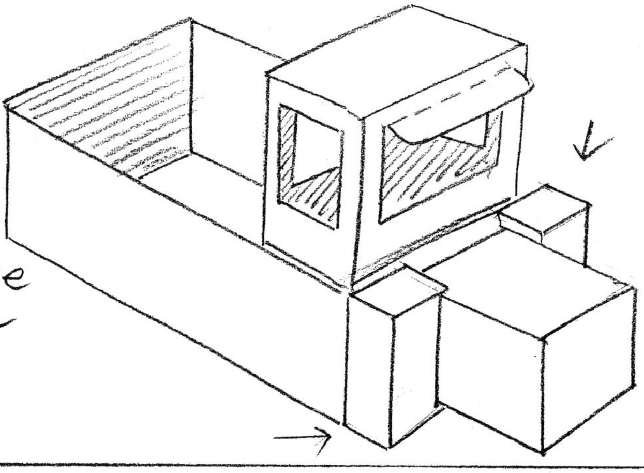

3. Klebe 2 schmale Schachteln links und rechts neben die "Motor" schachtel an den Schuhkarton.

4. Schneide schmale Papierstreifen. Klebe sie über alle Stellen an denen die Schachteln offen, oder miteinander verklebt sind. Jetzt kannst du mit dem "Lackieren" beginnen

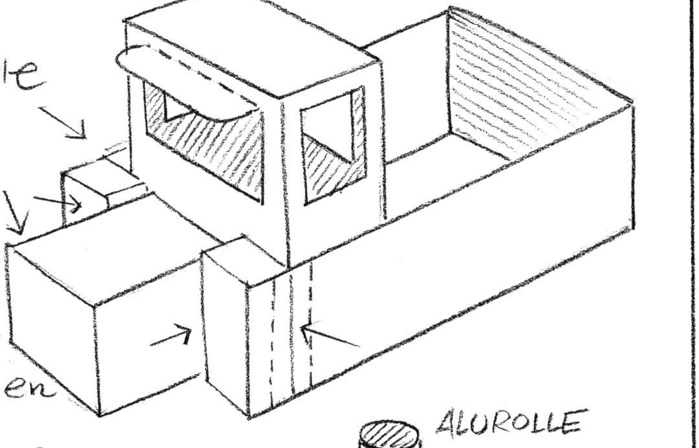

5. Umwickele 2 kleine und eine große Rolle mit Alufolie. Die 2 kleinen klebe neben den Motor, die große hinter das Fahrerhaus. Schneide 2 Kreise aus Alufolie - die Scheinwerfer - und von einer Rolle 2 Dreiecke

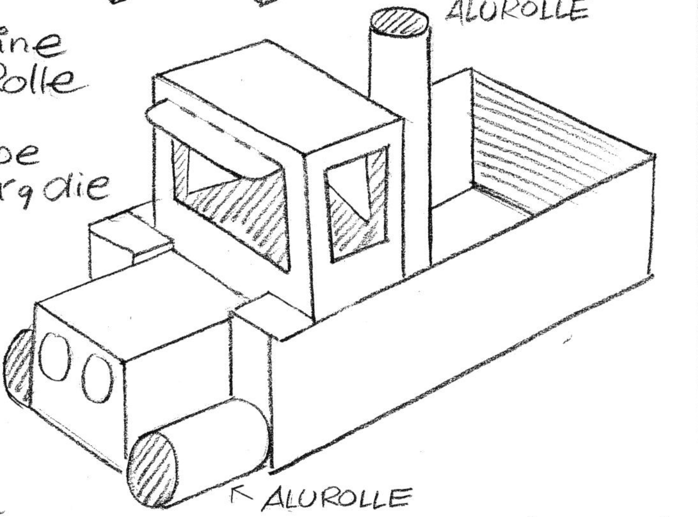

klebe sie über die Scheinwerfer auf den "Motor".

6. Klebe immer 2 Bierdeckel zusammen. Bohre die 2 Rundstäbe vorne und hinten durch den Schuhkarton. Stecke die Bierdeckel auf die Achsen und klebe sie fest.

GUTE FAHRT

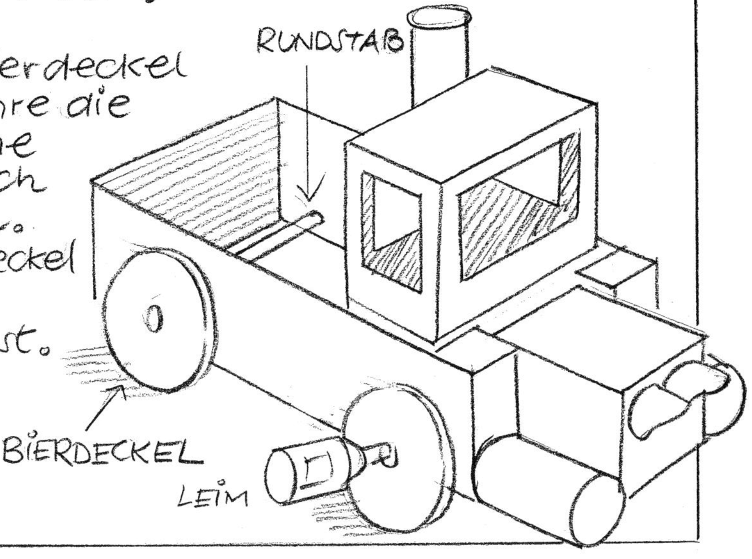

Tollkühne Kistenflieger

Nach einem doppelten Looping setzt der Pilot verwegen zum Sturzflug an. Kurz über dem Boden fängt er seine Kiste ab und zieht sie steil nach oben. Dann verschwindet der Eindecker in einer rosa Wolke…
Natürlich bist du der tollkühne Pilot. In deiner Hand liegt das Flugzeug sicher in der Luft. Je schneller du läufst, desto schneller wird die Maschine. Mit hohen Sprüngen läßt du sie in den Himmel steigen, sicher landen und auf dem Boden ausrollen. Es macht Spaß zu fliegen.
Allerdings kann sich dein Flugzeug ohne dich nicht in die Luft erheben. Vielleicht baust du den Kistenflieger zusammen mit Freunden. Gemeinsam kann man dann die tollsten Kunststücke üben.

MATERIAL:
1 LANGE SCHACHTEL
(FLASCHENVERPACKUNG)
WELLPAPPE, KORKEN, FILZ,
1 HEFTZWECKEN-SCHACHTEL MIT FENSTER
STYROPOR, PAPIER, WATTE · PAPIERKUGEL
NÄGEL, VIERKANTLEISTE *
TASCHENMESSER, SCHERE, HAMMER,
KLEBSTOFF, PAPIERKLEBEBAND,
PINSEL UND FARBE *

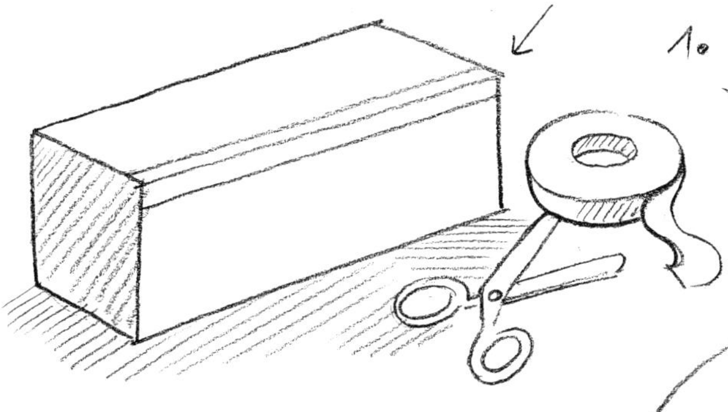

1. Alle Kanten der Schachtel mit Papierklebeband umkleben.

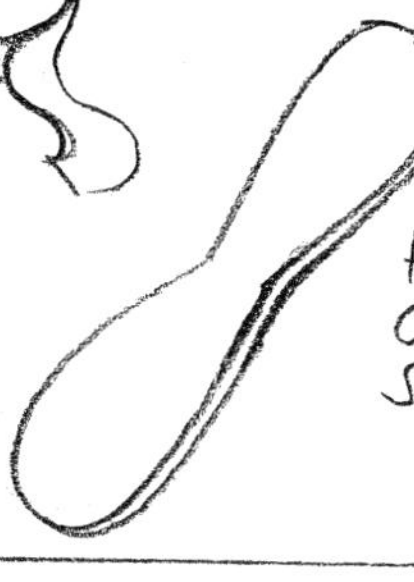

2. Propeller aus Pappe schneiden

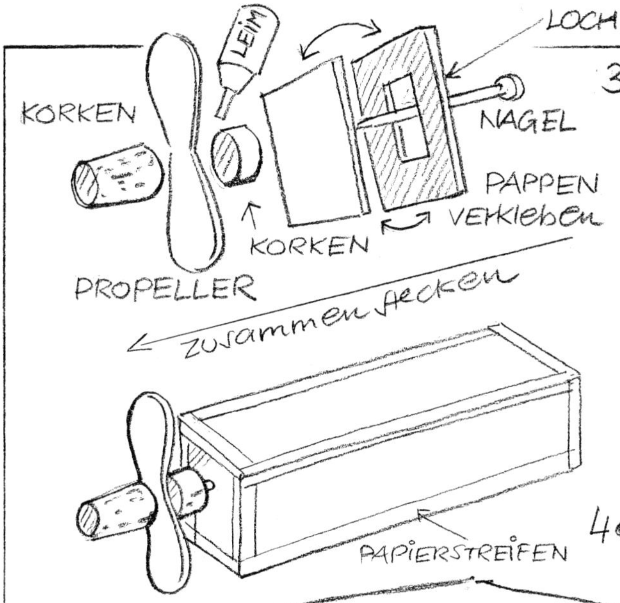

3. Schneide aus Pappe 2 Rechtecke oder Quadrate in der Größe der kleinsten Schachtelseite. Befestige den Propeller an der Pappe (siehe Zeichnung). Klebe alles an den Flugzeugrumpf. Die Pappe mit dem Loch ist wichtig, damit der Nagel sich drehen kann.

4. Schneide Flügel, Höhen-Seitenruder und 2 Räder aus Wellpappe.

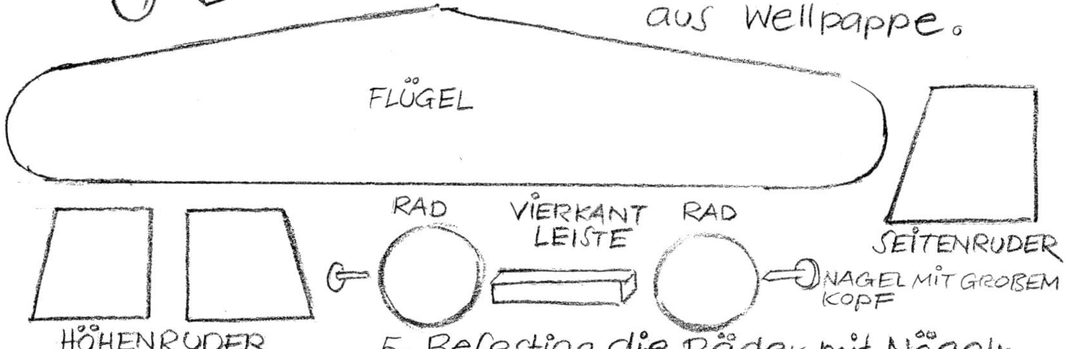

5. Befestige die Räder mit Nägeln locker an der Vierkantleiste. Die Leiste ist etwas länger als die Schachtelbreite

6. Bastele deinen Piloten wie die Akrobaten oder mit einem Wattekugelkopf.

7. Alle Teile zusammenkleben.

ANMALEN UND AB DIE POST...

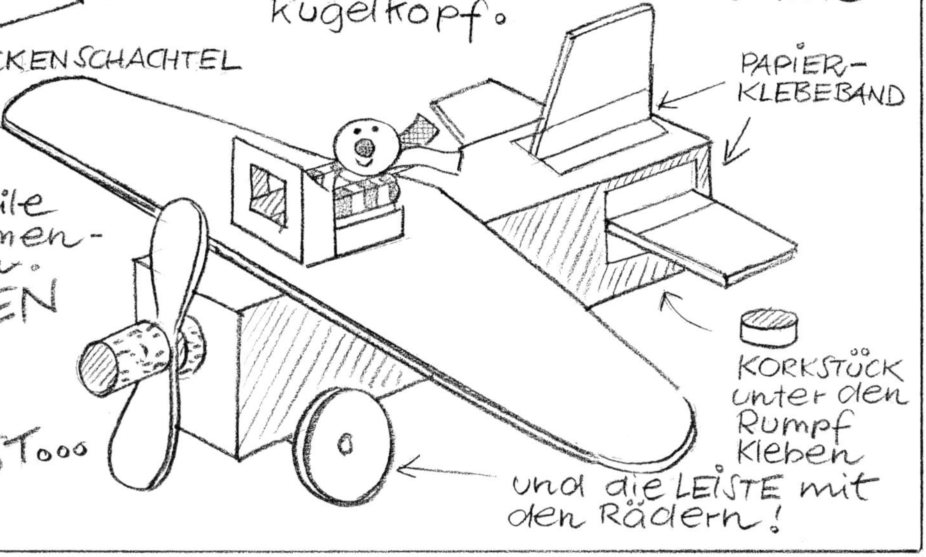

Rollende Kunstwerke

Ein Kistenrollbrett, ein Einkaufswagenhaus, ein Hühner-Rad und viele andere Kunstwerke sind das rollende Ergebnis eines Kinderfestes im Park. Berge von Wellpappe, Papprollen, buntes Kreppapier, Pappkartons, Leisten, Stäbe und Papier wurden geschnitten, gerissen, durchbohrt, geklebt, festgebunden und bunt bemalt, kurz und gut: verbastelt nach allen Regeln der hohen Bastelkunst.

Viele Kinder sind an diesem Ferien-Sommertag mit ihren fahrbaren Untersätzen zu dem Spiel-Fest im Park gekommen. Unter sachkundiger Anleitung haben sie ihre rollenden Schätze verzaubert.

Marias Dreirad wird zum regendichten Super-Roller, Reginas Fahrrad zu einem stolzen Hahn und Thomas nennt sein Rad mit Wimpel und Bogen ein „Weinfest". Der Kleinste schnappt sich einen der vielen alten Einkaufswagen und verwandelt ihn in ein rollendes Haus. Der Sicherheit halber bastelt er sich auch gleich noch einen Rundumsturzhelm aus Pappe.

Am Nachmittag gibt es als krönenden Abschluß die rollende Kunstwerk-Parade. Stolze Eltern und viele Neugierige klatschen begeistert. Dann ist das Fest zu Ende, und die Eltern gehen mit ihren Künstler-Kindern nach Hause. „Schade, daß ich mit meinem Rad-Hahn nicht durch die Stadt fahren darf", sagt Regina traurig.

Tja, schade, aber Kunstwerke dieser Art können nur dort rollen, wo nichts passieren kann. Künstler und Kunstwerke müssen eben geschützt werden.

40 + 41

12
9
3
6
KIOSK
COMIC
COMIC

PAPPSTADT

STADT DER KINDER

Wie man Pappstadt und die rollenden Kunstwerk-Kisten bastelt, mußt du selbst ausprobieren. Dafür gibt es keine Gebrauchsanweisung. Du brauchst das gleiche Material wie für die Kunstwerk-Kisten und viel Phantasie. Eine Plastikfolie (Anstreicher) macht Pappstadt regendicht.

Ergänzendes MATERIAL:

DACHLATTEN *

HAMMER, ZANGE, SÄGE, NÄGEL *

Fadenturner

Dieser Fadenturner sieht einem Gartenzwerg zwar sehr ähnlich, ist aber trotzdem äußerst sportlich. Er schwingt sich an seinem Faden nach unten, fängt sich und wirbelt wieder nach oben. Er wird langsamer, steht fast still, um dann in einer immer schneller werdenden Riesenwelle in die Tiefe zu kreiseln. Das Spiel wiederholt sich, bis der Fadenturner müde wird und langsam ausschwingt.
Steht er still, brauchst du ihn nur um seinen Faden zu wickeln, und das Spiel kann von neuem beginnen.

Dieser Fadenturner trägt den Spitznamen JO-JO, weil er sich wie ein JO-JO an seinem Faden bewegt.

FADENTURNER
PAUSVORLAGEN
ZUM AUSSÄGEN
UND BEMALEN

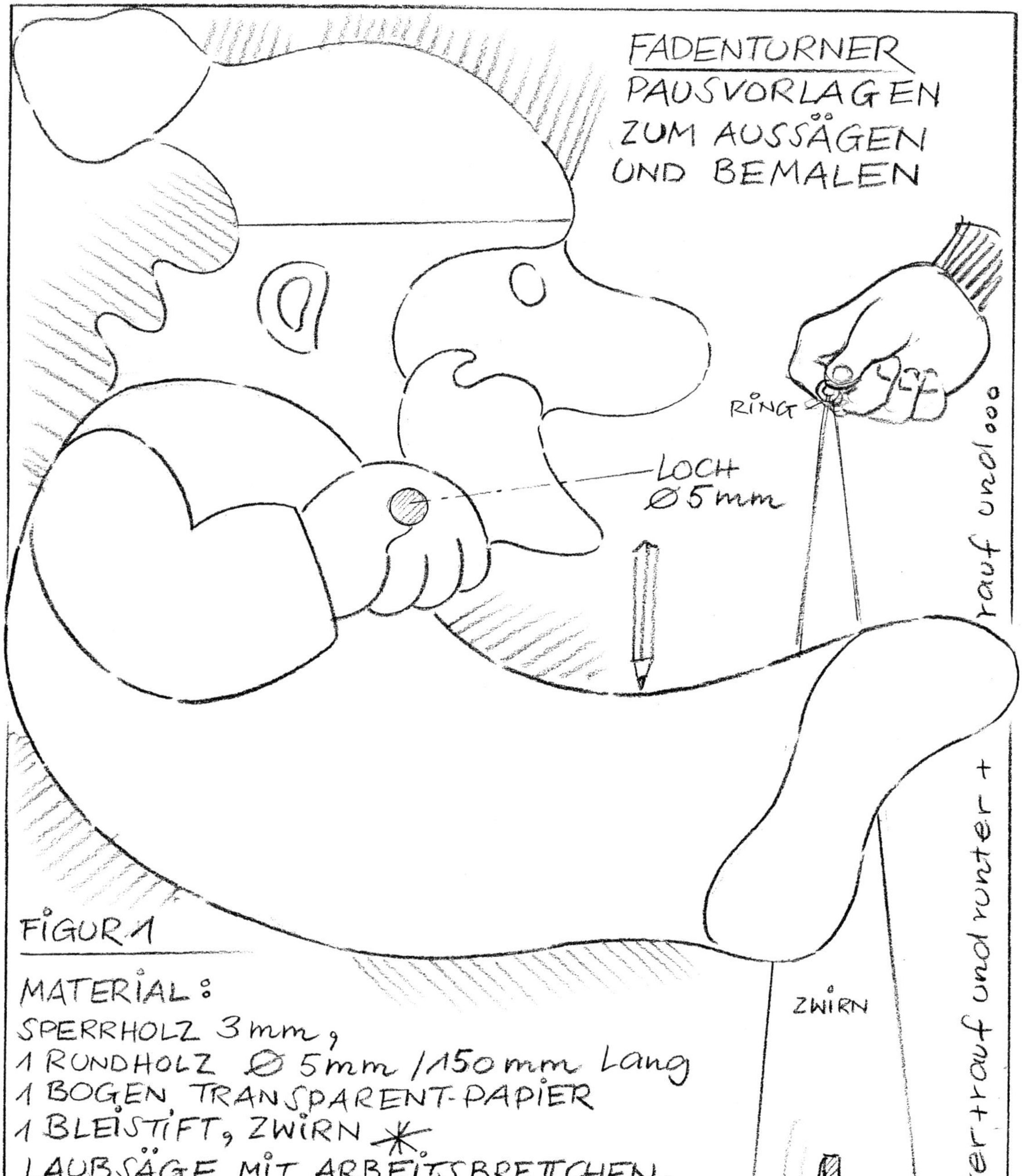

FIGUR 1

MATERIAL:
SPERRHOLZ 3 mm,
1 RUNDHOLZ Ø 5 mm / 150 mm Lang
1 BOGEN TRANSPARENT-PAPIER
1 BLEISTIFT, ZWIRN ✳
LAUBSÄGE MIT ARBEITSBRETTCHEN,
DRILLBOHRER, PLAKA ODER
ACRYLFARBE, KLEBSTOFF ✳

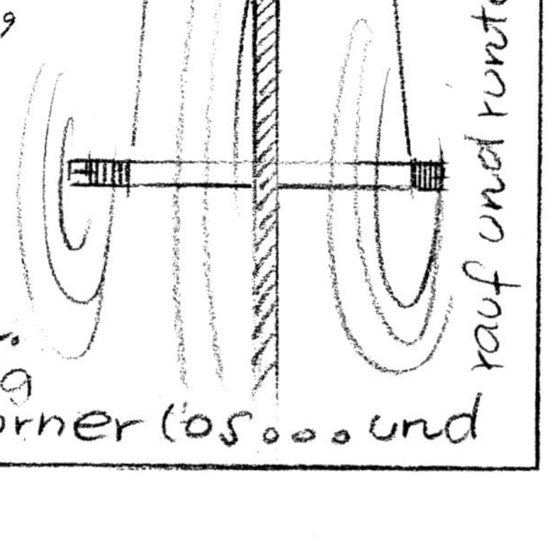

SPIEL: Binde in die Mitte des Zwirn einen Ring - der Turner muß gerade hängen. Rolle den Zwirn gleichmäßig auf den Stab. Laß den Turner los ... und

1. Lege ein Transparentpapier auf den Turner und zeichne Figur 1+2 mit einem Bleistift ab. Lege das Papier mit der Rückseite nach oben auf das Sperrholz. Reibe mit einem Löffel feste über das Papier. So überträgt sich deine Zeichnung auf das Holz. Wenn du die Figur ausgesägt hast,

FIGUR 2

Lege Figur 2 auf die Rückseite des Turners. Übertrage die Zeichnung mit dem Löffel. Jetzt hast du auf beiden Seiten die Malvorlage.

2. Säge in beide Enden des Rundstabes kleine Schlitze
3. Stecke den Stab in das Loch - klebe ihn fest.
4. Stecke die Enden von einem 2 m langen Zwirn in die Schlitze und binde sie fest.

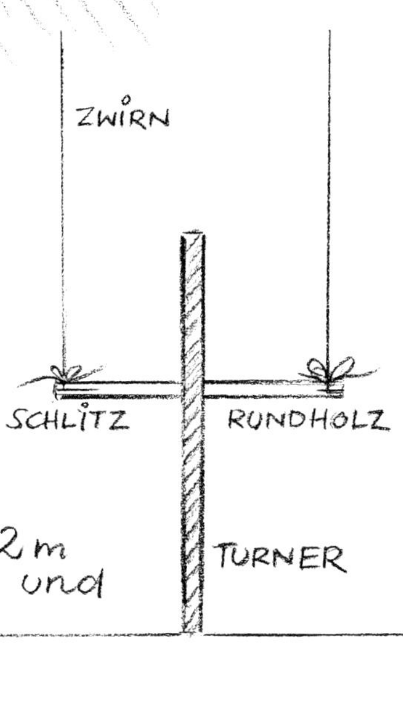

Mann und Hund

Erstaunt dreht sich der Dackel um und betrachtet die beiden seltsamen Gestalten, die da die Straße entlang hopsen. Er vergißt, sein Bein zu heben, und starrt den beiden nach. Sogar das Bellen hat er vor Überraschung vergessen.
Kein Wunder, wenn Mann und Hund an Gummifäden spazierengeführt werden.
Mit wunderlichen Verrenkungen schweben sie über den Boden.
Laura hat die beiden erfunden und bemalt. Manchmal hängen sie an der Kinderzimmerdecke, und wenn Laura an ihnen zieht, schwingen sie sanft auf und ab. Meistens werden sie aber für spannende Theaterstücke benutzt: „Mann und Hund jagen Räuber im Park“ oder „Wie fange ich einen Teddybären“. Alle Plüschtiere von Laura spielen dann mit.

Bei schönem Wetter geht Laura gerne mit Mann und Hund spazieren. „Kleiner muß auch mal raus“, sagt sie dann und freut sich über staunende Dackel oder verblüffte Spatzen, wenn sie mit den beiden durch das Laub raschelt.

Laura kommt gerade aus einem Blumengeschäft und hat sich ein Paket Trockensteckmasse gekauft. Sie will für Herr und Hund eine Katze basteln.

MATERIAL:
TROCKENSTECKMASSE (BLUMENGESCHÄFT-BASTELLADEN)
RUNDGUMMI *
SCHMIRGELPAPIER
TASCHENMESSER,
PINSEL, PLAKA ODER ACRYLFARBE *

Schneide das Bastelmaterial vorsichtig in handliche Stücke. Das Material ist sehr leicht und bröselig. Lege dir eine Zeitung darunter, auch wenn du schmirgelst.

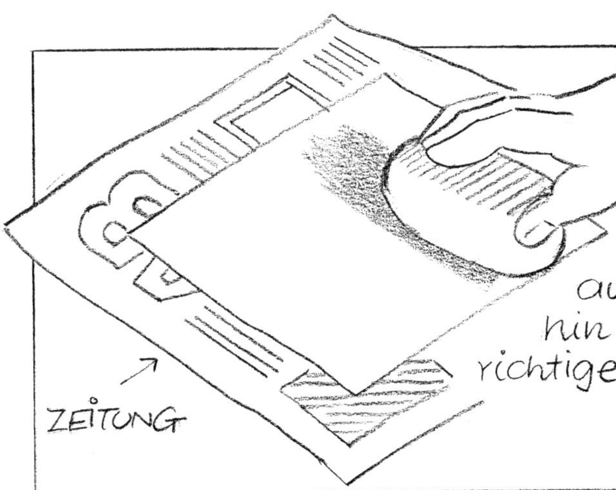

Lege das Schmirgelpapier flach auf den Tisch und reibe die einzelnen Teile so lange auf dem Schmirgelpapier hin und her, bis du die richtige Form "erschmirgelt" hast.

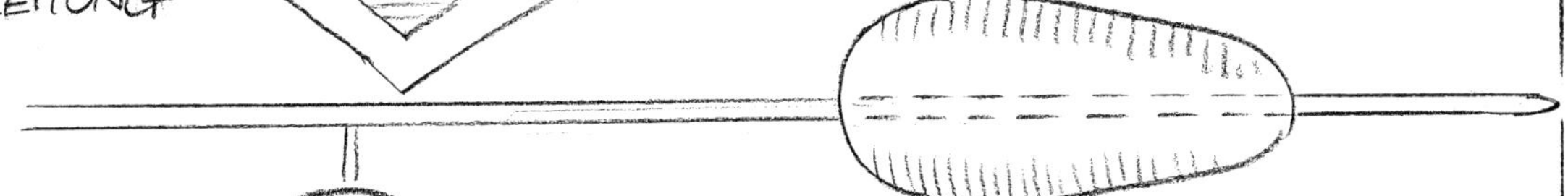

Nach dem Bemalen steche mit der Stricknagel Löcher durch die einzelnen Teile. Fädele sie auf das Rundgummi und befestige sie am Körper.
Durch den Körper ziehst du einen langen Gummi, der aus dem Kopf herauskommt. Daran kannst du deine Figur festhalten. Auf jeden Knoten einen Tropfen Klebstoff, dann geht er nicht auf.

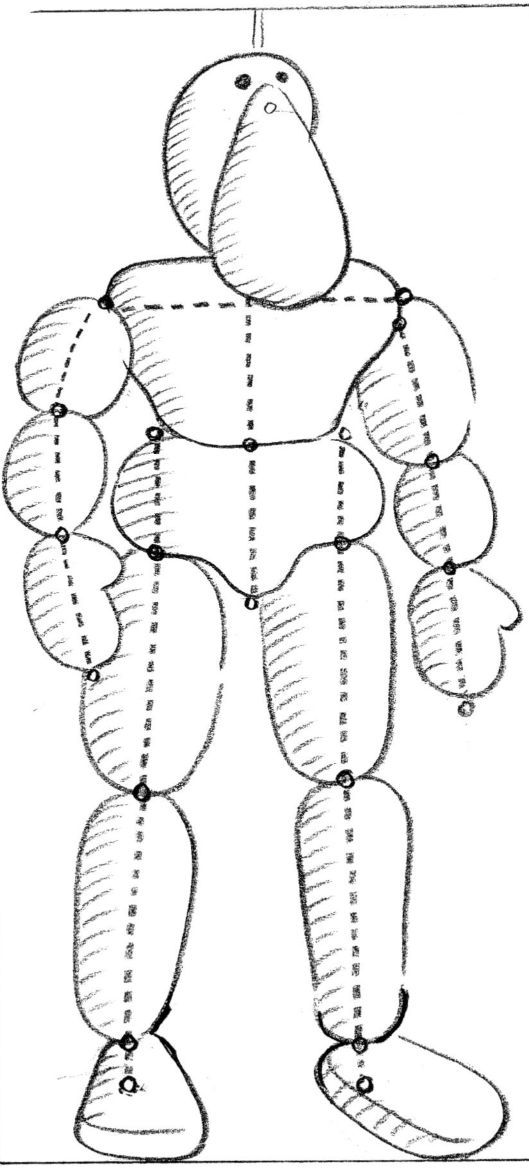

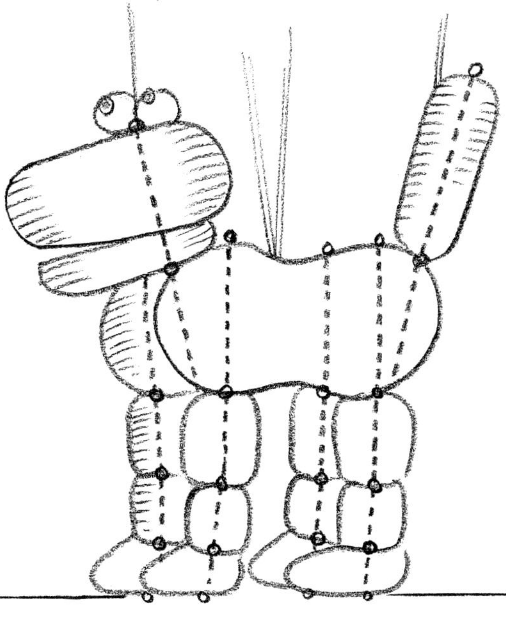

Flotter Käfer

Dieses hier ist wirklich ein flotter Käfer. Er kann laufen, klettern, fliegen und macht einfach alles, was du willst. Du hast die Fäden in der Hand. Auf Wunsch verbeugt er sich, trippelt über die Wiese, die Straße oder deine Bettdecke. Dein flotter Käfer fühlt sich überall wohl. Manchmal verheddert er sich und muß von dir entwirrt werden. Kein Problem, das schaffst du schon! Sarah hat den Käfer gebastelt, läßt ihn zu den Blumen fliegen und an ihnen schnuppern.

Sarah wollte sich nicht fotografieren lassen. „Mein flotter Käfer ist die Hauptperson", sagt sie. Bastle dir auch eine Hauptperson!

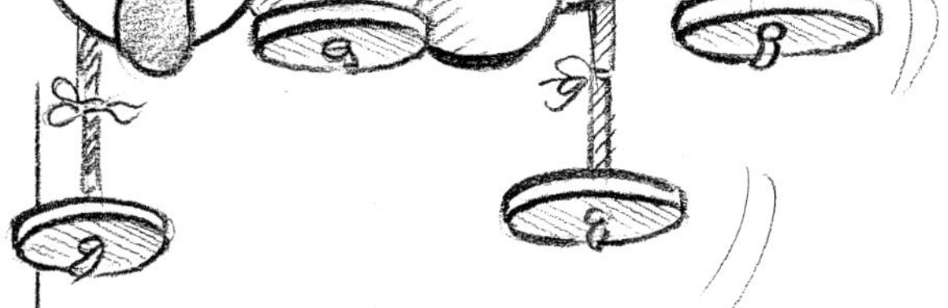

MATERIAL:

1 GROSSE, 5 MITTLERE, 5 KLEINE PAPIERWATTEKUGELN, KORDEL, 4 RUNDE HOLZSCHEIBEN, ZWIRN, HOLZLEISTEN, KREPPAPIER, FILZ, PFEIFENREINIGER ✳

TASCHENMESSER, SCHERE, KLEINE NÄGEL, HAMMER ✳

1. Durchbohre die Kugeln mit einer Stricknadel und fädele sie auf eine Kordel. Die dicke Kugel ist der Kopf. Mache vorne und hinten einen Knoten. Klebe auf den Knoten vorne eine kleine rote Zunge aus Filz und hinten eine kleine Papierwattekugel.

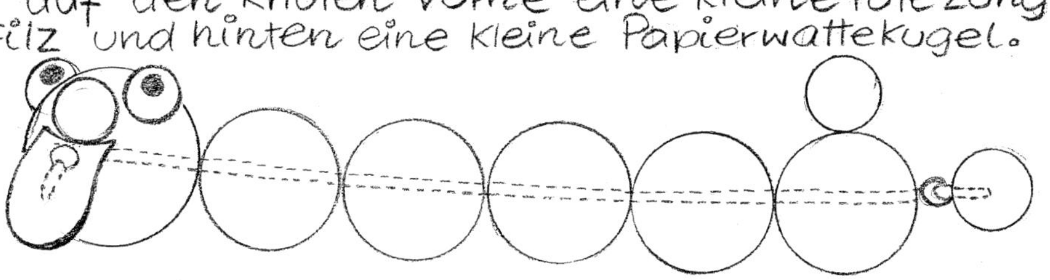

2. Klebe über die Zunge Nase und Augen

3. 1 kleine Kugel auf die letzte Kugel kleben.

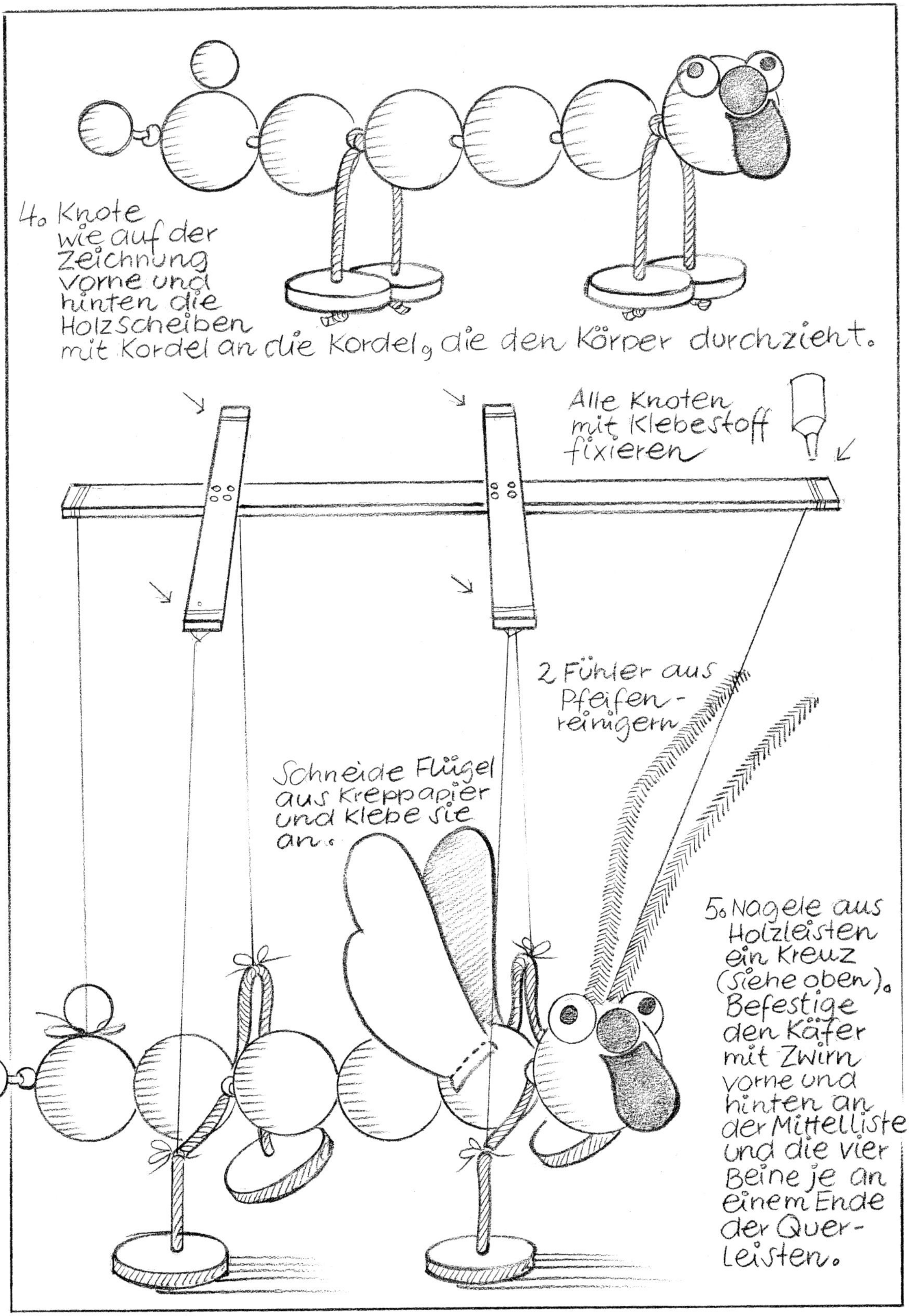
4. Knote wie auf der Zeichnung vorne und hinten die Holzscheiben mit Kordel an die Kordel, die den Körper durchzieht.
Alle Knoten mit Klebestoff fixieren
2 Fühler aus Pfeifenreinigern
Schneide Flügel aus Kreppapier und klebe sie an.
5. Nagele aus Holzleisten ein Kreuz (siehe oben). Befestige den Käfer mit Zwirn vorne und hinten an der Mittelliste und die vier Beine je an einem Ende der Querleisten.

Nick-Hund

Was ist ein Nick-Hund? werdet ihr fragen. Bis vor kurzem habe ich das auch nicht gewußt. Ich habe lange überlegt, wie ich den kleinen Kerl auf seiner Säule nennen soll. Hund im Wind, Wackeltier oder wie? Während ich nachdachte, habe ich mit ihm herumgespielt. Wenn ich auf das Gummiband gedrückt habe, hat er sich hingelegt oder mit dem Kopf genickt, je nach Stärke meines Fingerdrucks. Da kam mir auf einmal eine Idee: Warum ihn nicht danach benennen, was er am besten kann, nämlich nicken?
Natürlich könnt ihr euch nach gleichem Muster auch ein anderes Tier basteln, z. B. einen Nick-Vogel, eine Nick-Kuh oder einen Nick-Drachen. Woran habt ihr wohl am meisten Spaß?

MATERIAL:
HAUSHALTSROLLE,
FILMDOSE,
13 MITTLERE HOLZPERLEN,
3 KLEINE DUNKLE PERLEN,
1 KORKEN, 1 BIERDECKEL
BUNTES KLEBEBAND,
2 GUMMIRINGE,
ZWIRN, BUNTER FILZ *
TASCHENMESSER,
KLEBSTOFF,
PLAKA ODER ACRYLFARBE,
PINSEL *

* DIESE DREI STEHEN AUF DREI BEINEN!

1. Klebe auf ein 8 cm langes Stück Rolle einen Bierdeckel, schneide die überstehenden Reste ab.

2. Schneide am anderen Ende in die Rolle 2 sich gegenüberliegende Schlitze – 2 cm vom Rand entfernt.

3. Bohre in den Deckel der Rolle und in die Filmdose je 4 Löcher.

4. Stecke die Enden der beiden Gummiringe in die Schlitze und befestige sie von innen mit einem Stück Streichholz.

5. Knote je 3 Perlen an je ein Stück Zwirn. Stecke den Zwirn von innen durch je ein Loch der Filmdose. Fädele 3 Perlen auf und stecke jetzt die 3 Fäden in je ein Loch des Deckels der Rolle (1 Loch ist noch frei) Binde sie so um die Gummiringe daß der Zwirn stramm gezogen wird und die Dose auf "3 Beinen" steht.

6. Bohre in die Oberseite der Dose vorne ein Loch.

7. Steche ein Loch durch den Korken. Binde eine kleine Perle an ein Stück Zwirn. Ziehe den Zwirn durch das Loch. Fädele eine Perle auf. Stecke den Zwirn nun durch das obere Loch der Dose und dann in das freie Loch im unteren Teil. Fädele 3 Perlen auf und stecke den Zwirn dann in das noch freie Loch im Deckel.

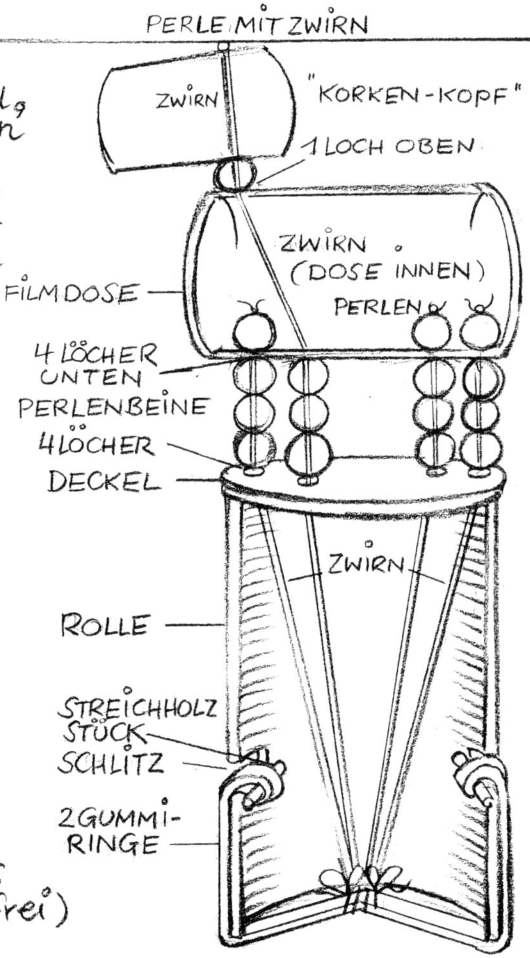

SO SIEHT DER NICKHUND VON INNEN AUS!

TIP! NIMM DEN ZWIRN DOPPELT!

8. Ziehe den Zwirn durch die Rolle und binde ihn so an die Gummiringe, daß der Korken-Kopf aufrecht steht.

9. Schmücke und bemale deinen "HUND".

10. Wenn du auf die Gummiringe drückst, verbeugt er sich oder...

Akrobat am Barren

Akrobaten gibt es doch nur im Zirkus, wirst du sagen. Richtig, eigentlich ist dieser Akrobat auch mehr ein Turner. Aber wer so kunstvoll und unermüdlich seine Rollen dreht, ohne daß ihm schwindlig oder gar schlecht wird, ist für mich ein Akrobat. Immer wieder macht er seine Auf- und Abschwünge, vor und zurück und vor und zurück und vor und ... bis auch er – wie sein Kollege, der Fadenturner – müde wird. Dann genügt ein kleiner Schubs, und er turnt weiter, vor und zurück, vor und zurück, vor und ...

Wie der muntere Akrobat gebastelt wird, ist auf den folgenden Seiten aufgezeichnet.
Bemale ihn, wie du willst, mit einem lustigen Ringeltrikot oder ganz sportlich in schwarzen Hosen und weißem Turnhemd oder mit knallbunten, kurzen Sporthosen und nacktem Oberkörper oder ...
Du kannst aus dem Akrobaten natürlich auch eine Akrobatin machen.
Laß einfach den Schnurrbart weg, male rote Lippen, rote Backen und viele Locken ... Akrobatin schöööööön!

MATERIAL:
SPERRHOLZ 3mm,
1 RUNDHOLZ Ø 5mm 150mm lang
VIERKANTLEISTE 10mm x 10mm
1 BRETTCHEN 380mm x 80mm
1 BOGEN TRANSPARENT *
LAUBSÄGE,
ARBEITSBRETTCHEN,
DRILLBOHRER,
PLAKA ODER ACRYLFARBE UND PINSEL,
KLEBSTOFF *

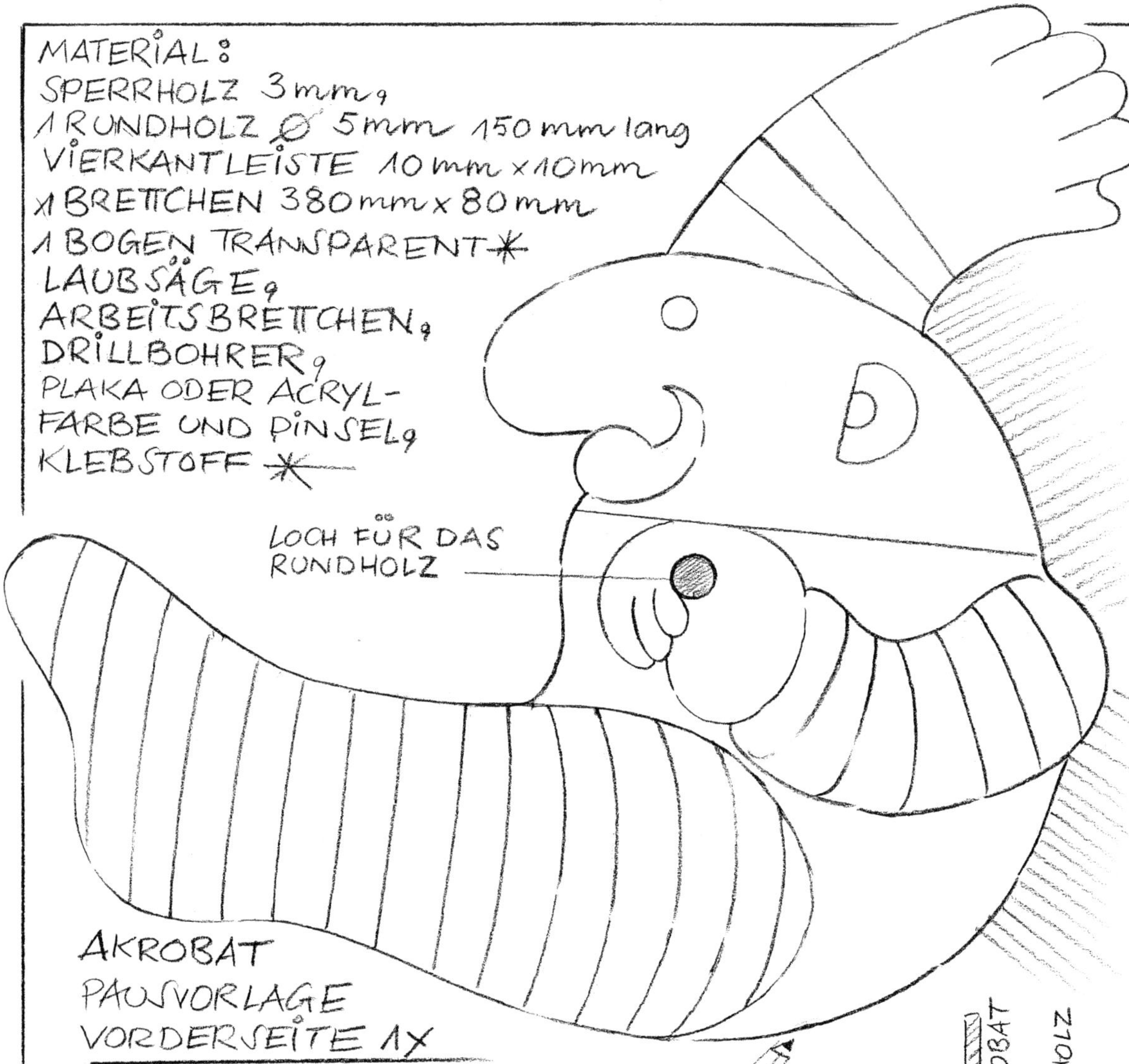

AKROBAT
PAUSVORLAGE
VORDERSEITE 1X

1. Pause die Vorlage ab und übertrage sie aufs Sperrholz. Säge den Akrobaten aus.
2. Pause die Rückseite ab und übertrag sie auf die Rückseite der ausgesägten Figur.

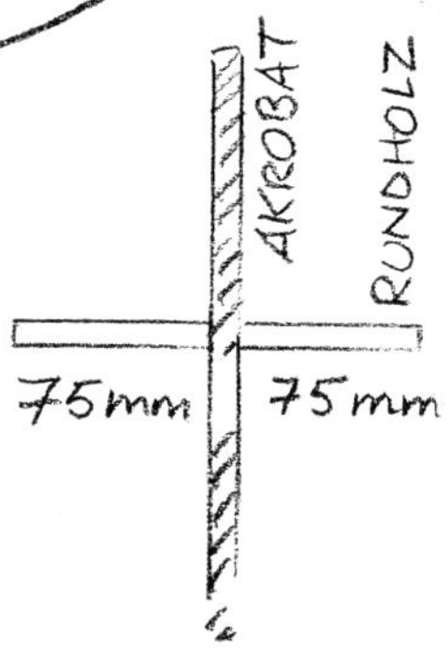

3. Säge das Loch für das Rundholz aus und leime ein 150 mm langes Rundholz in ihm fest – auf Mitte.

4. Bemale beide Seiten des Akrobaten.

5. Pause die Barrenvorlage ab, übertrage sie 2 mal auf Sperrholz und säge sie aus.

6. Klebe auf die 4 Ecken des Brettchens je 1 Vierkantleiste 150 mm lang.

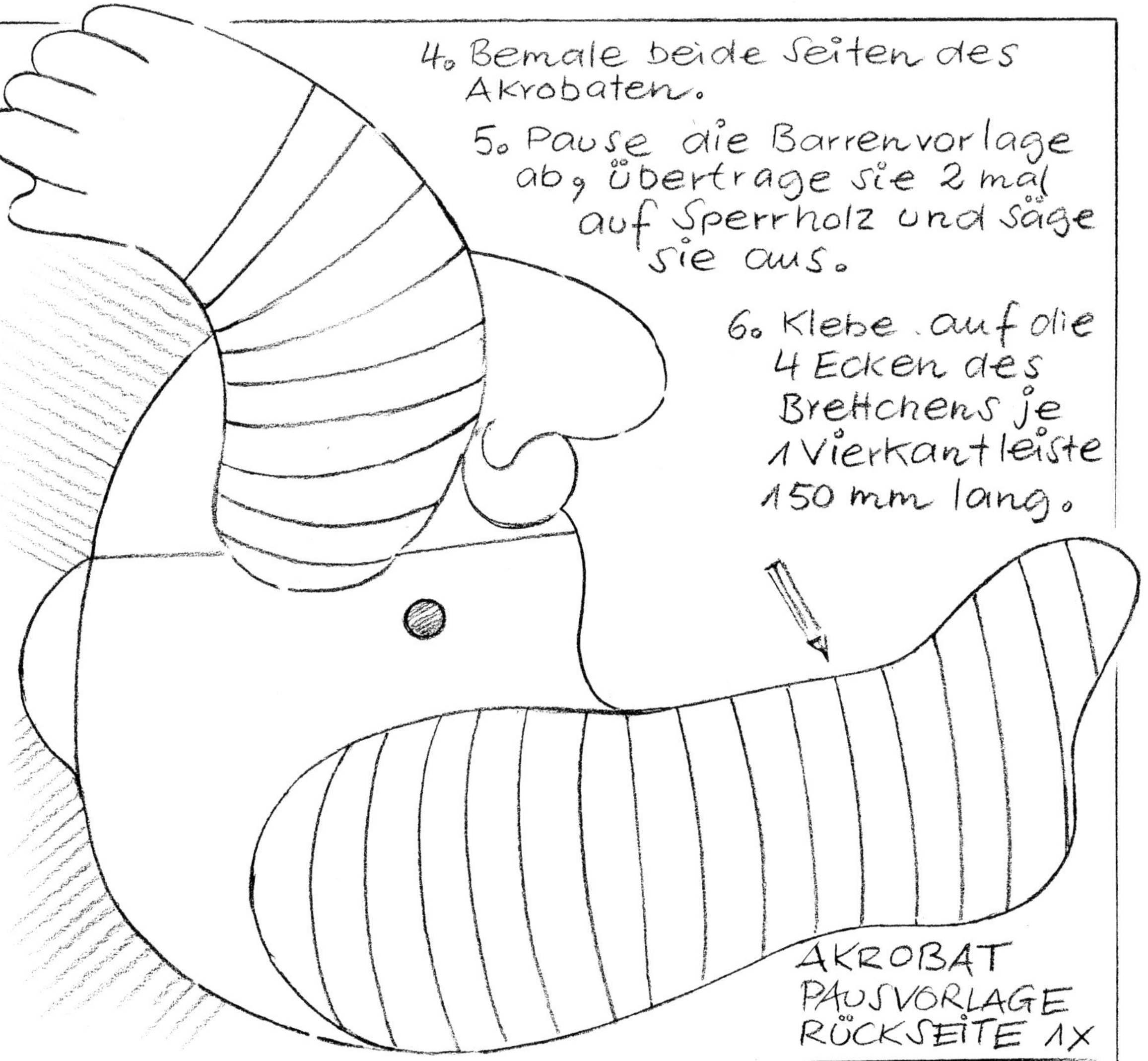

AKROBAT PAUSVORLAGE RÜCKSEITE 1X

7. Klebe je 1 Barrenteil an 2 Vierkantleisten.

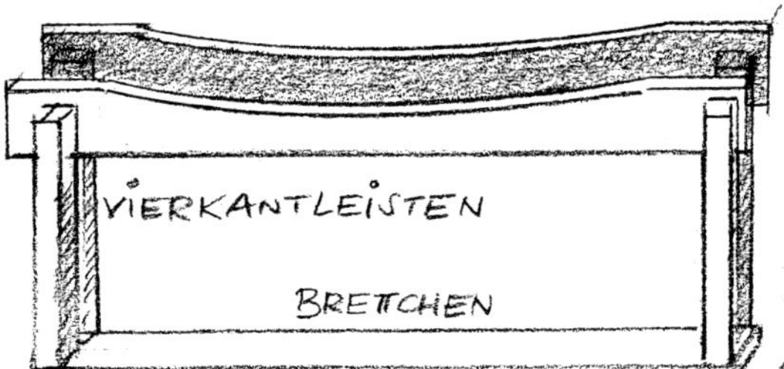

BARREN SEITENTEIL PAUSVORLAGE

um

Frauenkopf als Blumentopf

Hortensie heißt die blaue Blume, die aus dem Kopf der glutäugigen Dame wächst. Beide verblühen nie. Ab und zu muß man mal Staub wischen oder mit einem feuchten Lappen putzen, um den Glanz wieder aufzufrischen – aber das ist schon alles.

Tanja hat beide erfunden. Tanja liebt Blumen, ihr Zimmer ist voll davon. Aber manchmal vergißt sie, daß Pflanzen und Blumen regelmäßig Wasser brauchen.
Dann lassen die Blumen die Köpfe hängen und die Pflanzen vertrocknen. Da hat Tanja sich etwas ausgedacht. Jetzt schmückt die „Dame mit Hortensie“ ihr Zimmer.

MATERIAL:
MODELLIERMASSE ODER TON *
MODELLIERHÖLZER,
PLAKAFARBE UND KLARLACK
(ODER GLASURFARBE FÜR TON)
PINSEL *
BEI DER MODELLIERMASSE
DIE GEBRAUCHSANWEISUNG
BEACHTEN!
GUT ZUM BASTELN IST
DIE MASSE DAS

1. 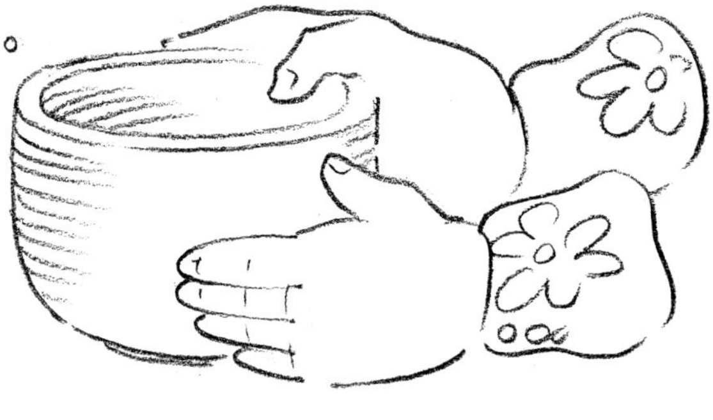

Aus der Modelliermasse wird der "Kopf" geformt.

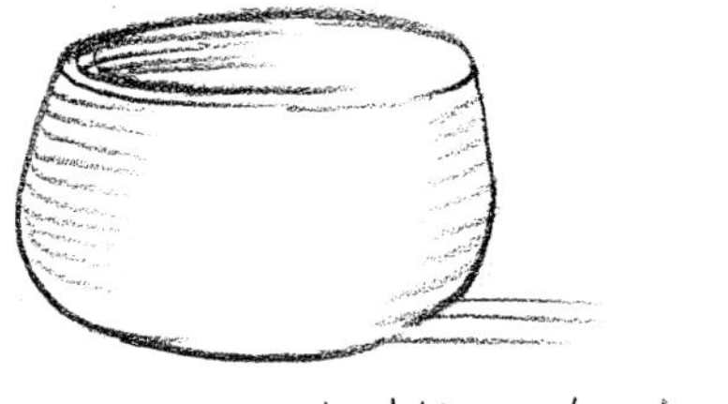

2. Dann modellierst du den "Hals". Er sieht ungefähr wie ein dicker Aschenbecher aus.

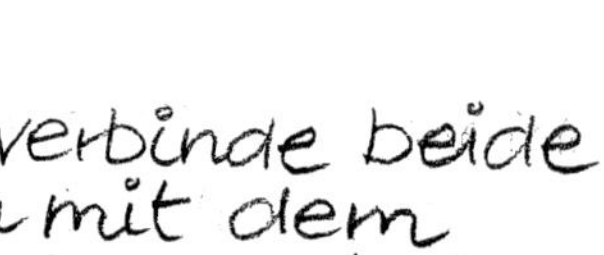

3. Setze den Kopf auf den Hals und verbinde beide sorgfältig miteinander, indem du mit dem Modellierholz die Masse miteinander verstreichst.

4. Rolle aus der Masse viele "Regenwürmer" - dicke und ein paar dünne

5. Die dicken werden zu Zöpfen geflochten, die dünnen werden zu Augen und Mund geformt

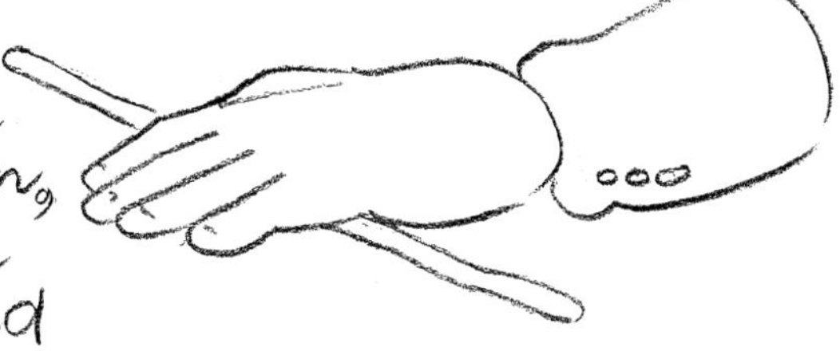

6. Drücke die Haare an den Kopf, forme Mund und Augen und verbinde die Masse sorgfältig miteinander. (Modellierholz)

7. Mit einem Bleistift kannst du Ornamente in den Hals drücken. Nach dem Trocknen der Masse wird der Kopf bemalt und lackiert.

8. Forme viele kleine Ovale und einen kleinen "Pfannekuchen mit Stiel".

9. Drücke die Ovale an einem Ende in den "Pfannekuchen". Immer rundherum und von außen nach innen.

10. Nach dem Trocknen bemalen, lackieren und in den Kopf stellen.

Windhuhn

Ein merkwürdiges Huhn stakst da über die Wiese. Seine Flügel drehen sich im Wind, aber es kommt nicht von der Stelle. Welchem Bauern mag dieses seltsame Huhn gehören? Aber der stolze Besitzer dieses Federviehs ist Tim. Es legt zwar keine Eier, aber dafür ist es herrlich bemalt und mit wunderschönen bunten Federn geschmückt. Kein Huhn auf der ganzen Welt sieht so drollig aus. Tim ist nicht nur der Besitzer, er hat das Windhuhn auch gebastelt. Zuerst stand es auf dem Balkon im Blumenkasten und ließ seine Flügel vom Wind drehen. Dann hat er es auf die Wiese gestellt, damit ich es besser fotografieren kann.

Bau dir doch auch ein Windhuhn – gelb, blau, rot, lila, grün oder weiß kannst du es bemalen. Hauptsache, es ist schön bunt. Wie wäre es denn mit einem Streifen-Windhuhn oder -Windhahn?

MATERIAL:

KANINCHENDRAHT, PAPIER, 1 RUNDHOLZSTAB, 2 STYROPOR-KUGELN, 2 VIERKANTLEISTEN, GÄNSEFEDERN, * TASCHENMESSER, SCHERE, ZANGE, KLEBSTOFF, TAPETENKLEISTER, DRAHT, PINSEL, FARBE, LACK, HANDSCHUHE *

1. Kneife mit der Zange ein Stück Karnickeldraht ab und bilde diese Drahtform. Den oberen Teil mit Draht zusammenbinden.

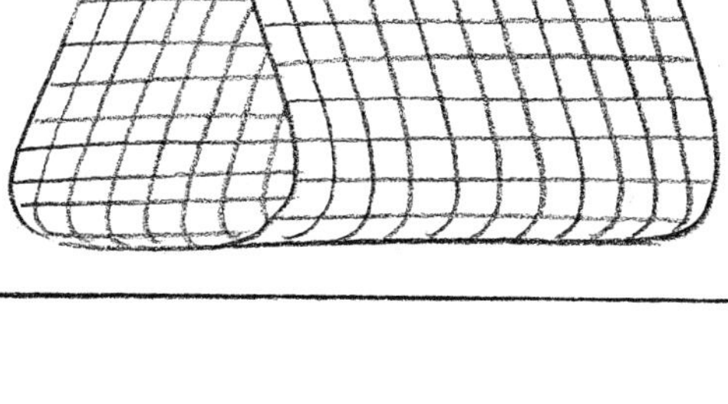

2. Form oben eindellen, hinten zusammenkneifen und mit Draht verbinden.

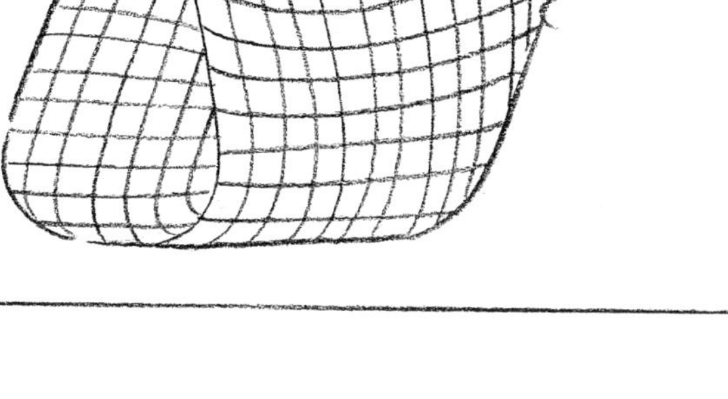

3.

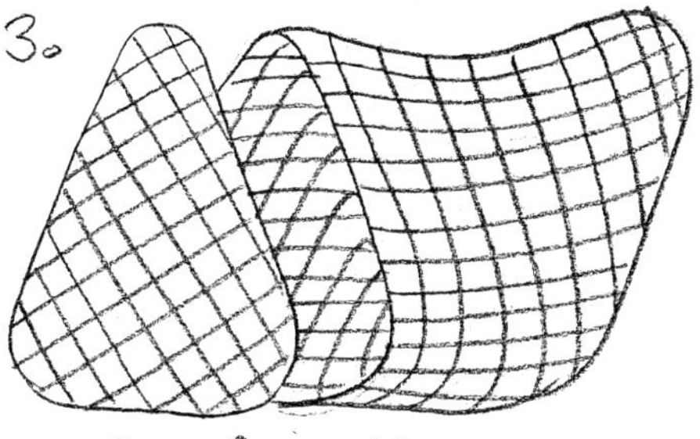

Dreieckige Form ausschneiden und vorne mit Draht befestigen.

4.

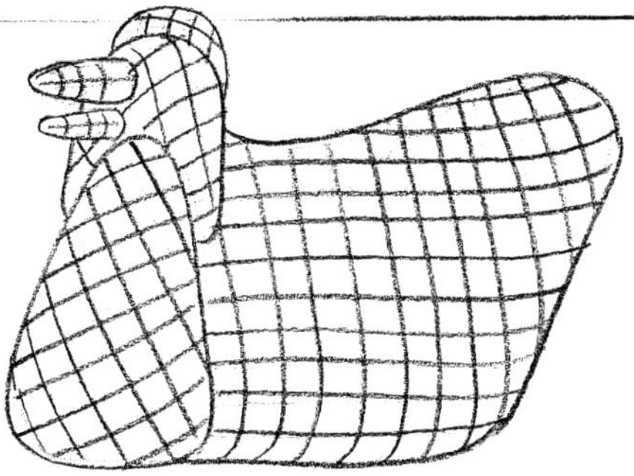

Kopf und Schnabel formen und am Vorderteil mit Draht befestigen

5.

Papierstücke in dem angerührten Tapetenkleister einweichen.

6.

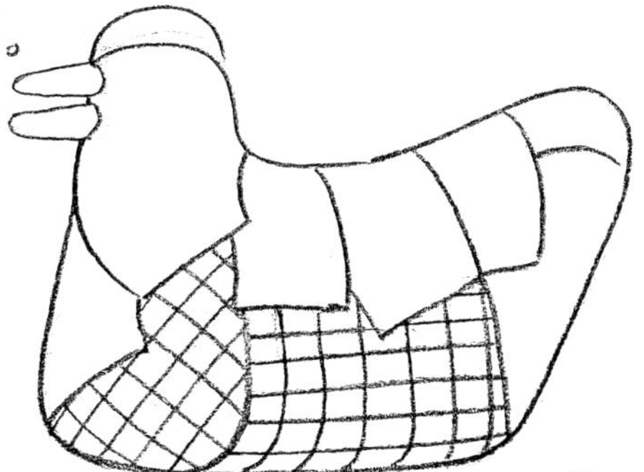

Drahthuhn mit den Papierstücken bekleben. Nach dem Trocknen bemalen.

7. Jn die beiden Styroporkugeln die Federn stecken und ankleben.

8. Rundholz durch das Huhn bohren und die Styroporkugeln auf das Rundholz stecken und festkleben. Die Vierkantleisten als Beine in dem Körper befestigen.

Gipsgesicht

Eine Maske, die genau paßt und hinter der dich niemand erkennen kann, ist die Maske aus Gipsbinden, die direkt von deinem Gesicht abgeformt wird. Die Augen der Maske sind deine Augen, die Zunge der Maske ist deine Zunge. Du kannst sie sogar durch die Mundöffnung herausstrecken. Deshalb wirkt die Maske sehr echt und auch ein bißchen unheimlich.
Stelle zusammen mit deinen Freundinnen und Freunden die Masken her.

Man muß sich gegenseitig helfen. Es ist leichter, wenn du die Maske auf dem Gesicht eines anderen formst und ein Freund deine Maske formt. Die Masken kann man, wenn sie trocken sind, gut bekleben und bemalen; entweder menschenähnlich in Beige- und Brauntönen, mit roten Lippen und Bäckchen, oder knallbunt, mit Mustern, oder vielleicht als Katze, Hund oder Maus?! Denk dir selbst was aus!

MATERIAL:
GIPSBINDEN, GIPS, STOFF, GUMMIBAND, KLOPAPIER*, SCHERE, SCHMIRGELPAPIER, SCHÜSSEL, WASSER, KLEBER*, VASELINE*

1. Schneide die Gipsbinden in unterschiedlich große Stücke.

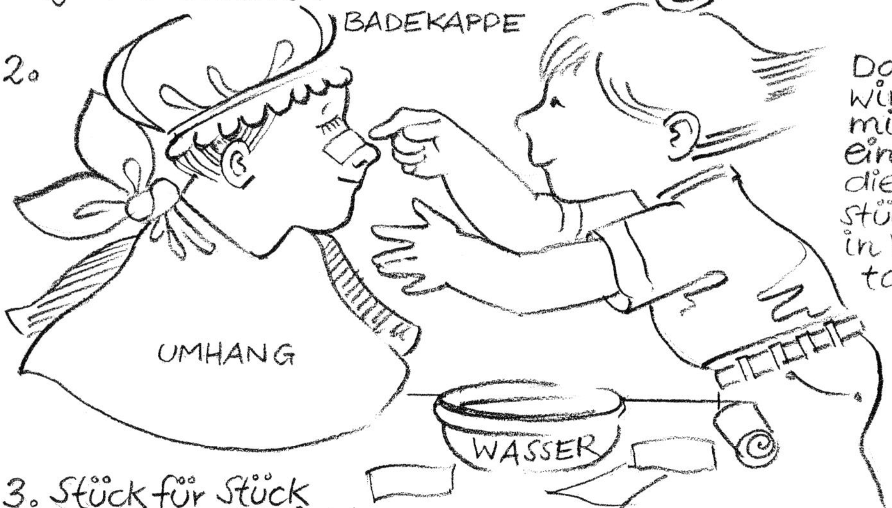

2. Das Gesicht wird vorher mit Vaseline eingerieben, die Gipsbindenstückchen kurz in Wasser tauchen!

3. Stück für Stück wird das Gesicht mit Gipsbinden belegt. Augen und Mund bleiben frei. Wenn der Gips angetrocknet ist, wird die Maske vorsichtig gelöst.

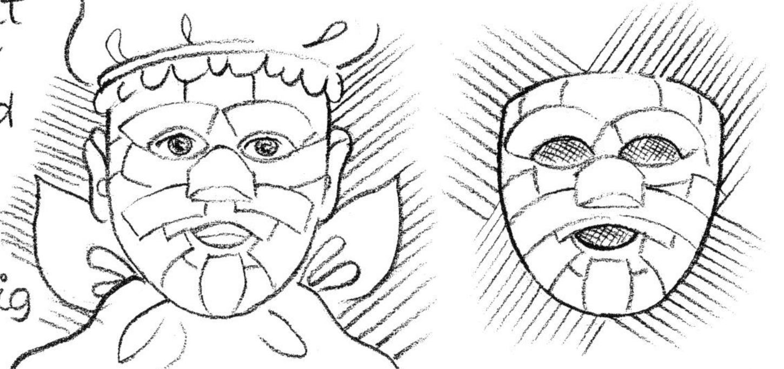

4. Jetzt wird die Maske in einen dünnen Gipsbrei getaucht, trocknen lassen, wieder eintauchen bis der Gips die Maske gleichmäßig bedeckt. Die Gipsschicht sollte etwa 2-3 mm dick sein.

5. Nun wird die Maske vorsichtig mit feinem Schmirgelpapier geschliffen. Dann wird sie noch einmal mit einem dünnen Gipsbrei bestrichen oder getaucht.

6. Nun kann die Maske bemalt, beklebt oder geschmückt werden.

7. Mit einem Gummiband werden die Masken am Kopf gehalten.

Gespenster hat nicht jeder

Leise knarren die Treppenstufen. Schritte schleichen langsam Stufe für Stufe die Treppe zum Speicher hinauf. Quietschend dreht sich die Speichertür in ihren Angeln und fällt mit dumpfem Ächzen ins Schloß. Stille!
Kerzengerade sitzen Birgit und Ute im Bett. „Ach du meine Güte", haucht Ute, „das ist sicher ein Gespenst", und sie verschwindet blitzschnell unter der Bettdecke.
„Ich dachte immer, Gespenster schweben durch die Luft", flüstert Birgit.
Sie hat noch nie ein richtiges Gespenst gesehen. Neugierig krabbelt sie aus dem Bett, nimmt zur Sicherheit ihren Teddy unter den Arm, schlüpft in Bademantel und Pantoffeln und öffnet vorsichtig die Tür. In der Diele brennt Licht. Leise huscht sie zur Speichertreppe. Durch den schmalen Spalt zwischen Tür und Fußboden fällt ein Lichtstrahl. Birgit ist erstaunt. Gespenster arbeiten immer im Dunkeln, das weiß sie genau!
Mutig steigt sie die Treppe hinauf und sieht durch das Schlüsselloch.
Dann stößt sie mit einem Ruck die Tür auf.
Mit einem erschrockenen Aufschrei fährt eine Gestalt herum.
„Oh Gott, hast du mich erschreckt", ruft Birgits Mutter, die gerade Wäsche aufhängt.
„Und wir hatten vielleicht Angst", sagt Birgit vorwurfsvoll.
„Ute liegt unter der Decke und bibbert, weil wir dich für ein Gespenst gehalten haben."
„Nun aber schnell wieder ins Bett", sagt die Mutter und bringt Birgit zurück.
Kurz vor dem Einschlafen flüstert Birgit Ute ins Ohr: „Weißt du was, wenn es schon keine richtigen Gespenster gibt, basteln wir uns eben eins."

Was daraus wurde, siehst du auf dem Foto.

MATERIAL:
1 VIERKANTSTAB 100 cm,
2 VIERKANTSTÄBE 35 cm,
4 RINGSCHRAUBEN,
1 GEWINDESCHRAUBE 5 cm MIT 2 MUTTERN
1 HOLZPERLE UND EINE KRÄFTIGE SCHNUR.
1 STYROPOR KUGEL Ø 15 cm
1 KORKEN, 1 WEISSER KOPFKISSENBEZUG *
HOLZBOHRER, KLEBSTOFF, TASCHENMESSER, ZWIRN *

1. Korken an der einen Seite abflachen und an die Kugel kleben.
In die Kugel ein Loch schneiden – (etwas kleiner als der Durchmesser des Vierkantstabes). Stock hineinstecken und verleimen.

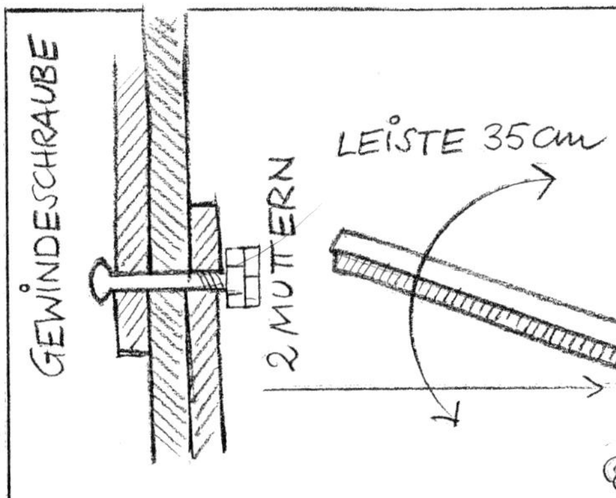

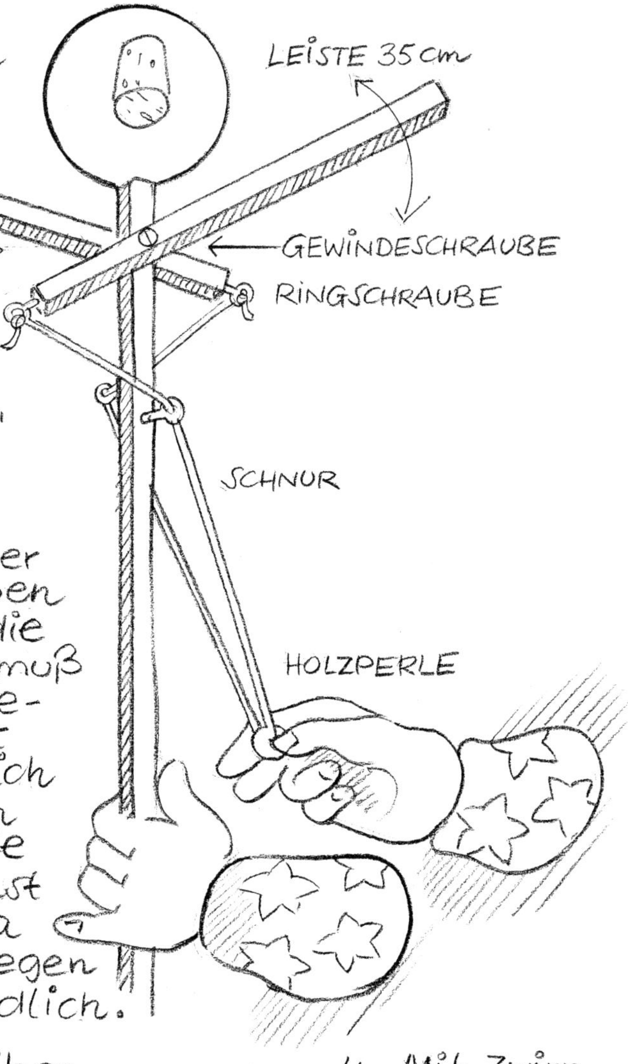

2. Die Zeichnung zeigt dir, wie du das "Gespenster" Gestell zusammenbaust. Bohre mit dem Holzbohrer die Löcher für die Ringschrauben vor. Das Loch für die Gewindeschraube muß durch die 3 Stäbe gebohrt werden. Sie ist die "Achse", damit sich die "Arme" bewegen können. Verknote die Schnur gut. Du kannst an jedem Arm extra ziehen, dann bewegen sie sich unterschiedlich.

3. Kopfkissenbezug über das Gestell stülpen. Wenn der Bezug zu kurz ist, einfach ein Stück annähen.

4. Mit Zwirn den Bezug unter dem Kopf zusammenbinden

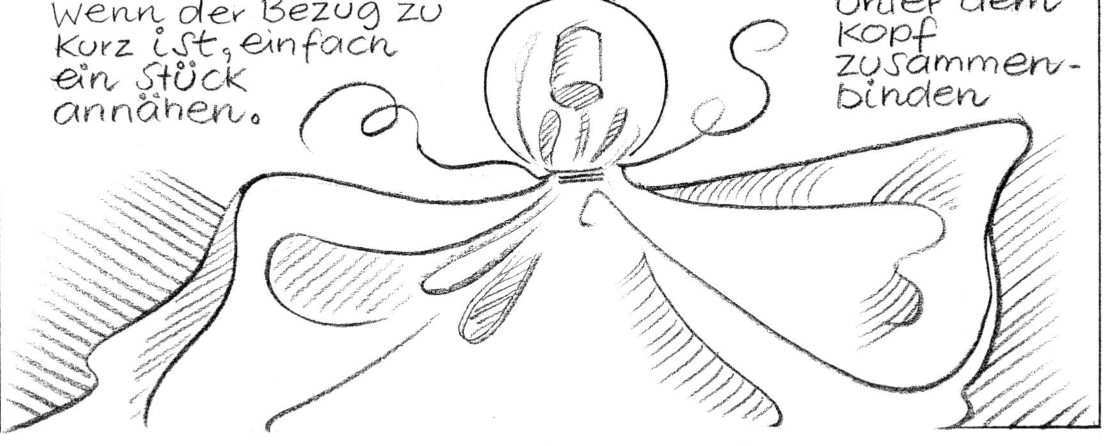

Theater der Schatten

Es gehört zu den frühen Spielen der Welt – das Schattentheater.
Mit den Händen geformte Hasen, Hunde, Gesichter, Fratzen und Phantasiewesen, deren Schatten mit Hilfe eines Lichts oder der Sonne an eine Wand geworfen werden, sind der Ursprung des Schattentheaters.
Schwarze und farbige Figuren aus Esels- oder Ziegenhaut, Leder oder geöltem Papier wurden vor einer beleuchteten Glas-, Stoff- oder Papierwand bewegt. Ein hinter dem Schirm verborgener Spieler bediente mit dünnen Stäben, die am Körper, an Armen und Beinen befestigt waren, die Figuren. Kleine Löcher und kunstvolle Ornamente konturierten die Gesichtszüge und die Kleider der Figuren.
Es war ein Spiel für Kaiser und Könige, das erst viel später auch zur Unterhaltung des Volkes gezeigt wurde.
Auch in den arabischen Ländern kannte man das Schattenspiel.
Es gelangte von dort über Italien und Frankreich nach Deutschland.
Heute noch führen Puppenspieler dem staunenden Publikum spannende Märchen und Sagen in der Form von Schattenspielen vor.

Theater
der
Schatten

MATERIAL:
ZEICHENPAPIER, SCHASCHLIKSTÄBCHEN, PAPPE, TRANSPARENTPAPIER, ZWIRN, SCHUHKARTON, KRIMSKRAMS*
PAPIERSCHERE, NAGELSCHERE, NÄHNADEL, KORDEL, KLEBER, TASCHENMESSER

DAS THEATER

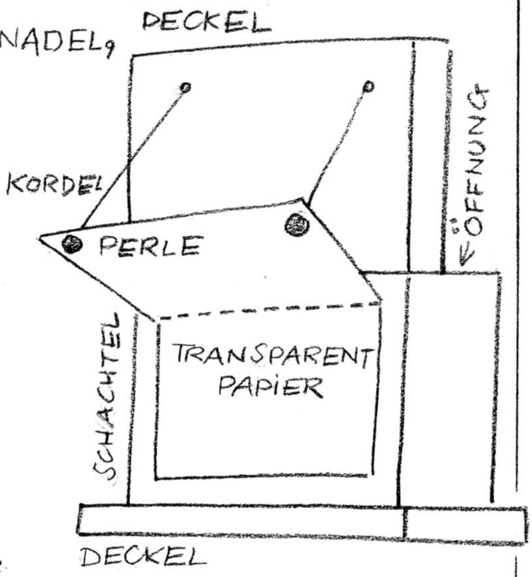

1. Schneide in den Boden des Schuhkartons eine Öffnung- Links, rechts und unten - Laße einen schmalen Rand stehen - Knicke die Pappe nach oben.
2. Klebe von innen Transparentpapier auf den Rand.
3. Klebe auf den Karton einen Deckel. Befestige mit Kordel und Perlen den ausgeschnittenen Boden und ziehe ihn hoch.
5. Klebe unter die Schachtel auch einen Deckel, dann steht sie besser
6. Schneide jetzt den oberen Teil der Schachtel aus.

DIE KULISSEN

1. Klebe Bäume und Häuser aus Papier auf ein Stück Pappe, das genau in die Schachtel passt. Denke dir selbst Kulissen aus.

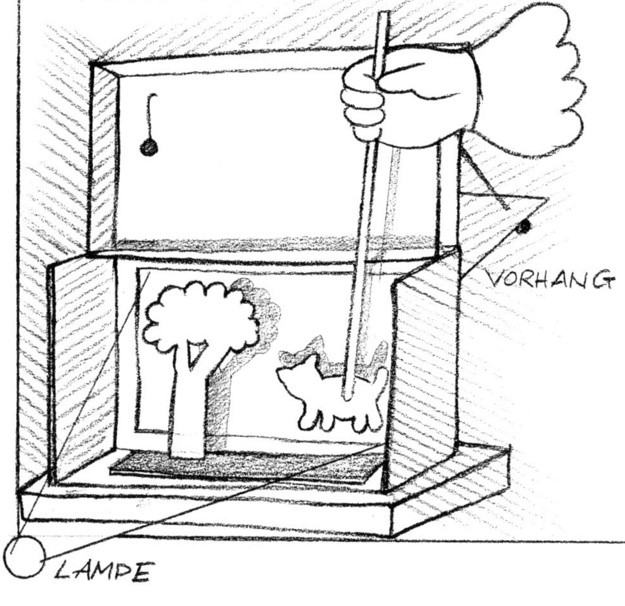

DAS SPIEL

Stelle eine Lampe so hinter dem Theater auf, daß die Schatten der Figuren auf das Transparentpapier projieziert werden. Hast du alles vorbereitet, ziehe den Vorhang hoch.- Das Spiel beginnt.

PAUSVORLAGE

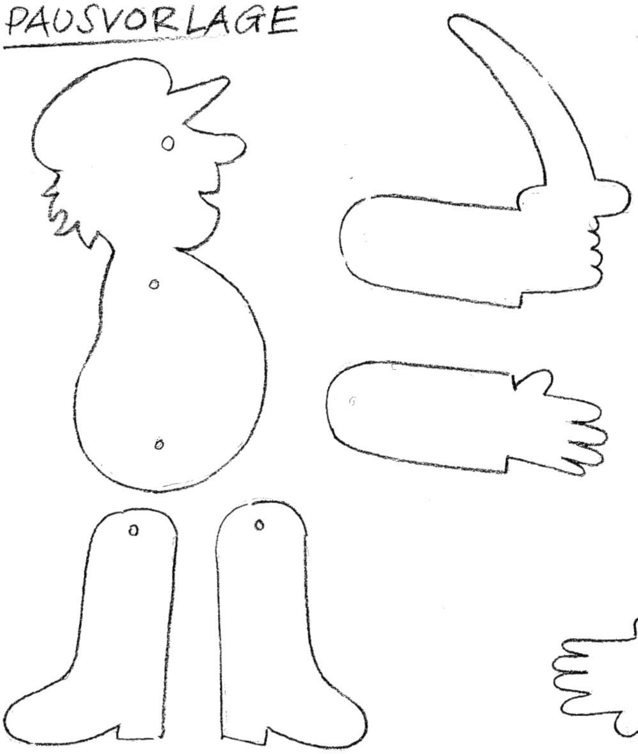

1. Pause die Figur ab und übertrage sie auf Zeichenpapier.
2. Schneide die einzelnen Teile aus.
3. Befestige Arme und Beine mit Zwirn am Körper.
4. Spalte 1 Schaschlikstab, klemme den Kopf in den Schlitz und klebe ihn fest

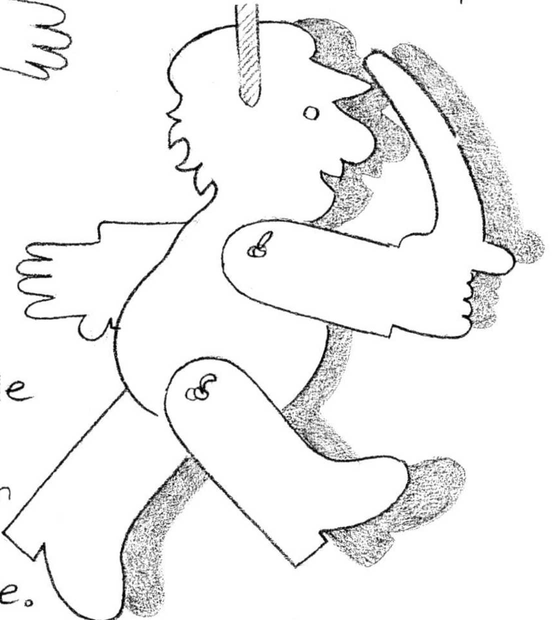

5. Klemme an das obere Ende des Stabes eine Kugelschreiber Spirale.
6. Befestige einen Faden am freien Ende der Spirale und den Arm mit dem Säbel an dem Fadenende.
7. Jetzt kann dein kleiner "Ritter" kämpfen.

DAS SIND NUR DREI BEISPIELE WIE DU DIE FIGUREN BASTELN KANNST.

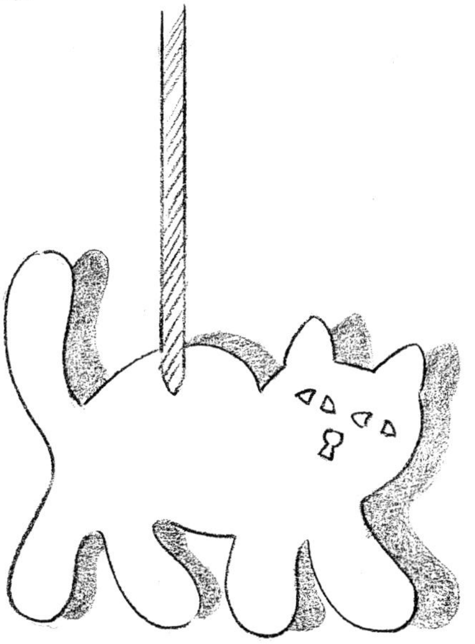

Rinkinkelspiel

Das Rinkinkelspiel ist ein Geschicklichkeitsspiel und gleichermaßen für Sonnen- wie für Regentage geeignet. Es hat eine lange Tradition. Man vermutet, daß es aus einer Sportart der Griechen entstand, dem Diskuswerfen. Reisende Kaufleute und Händler erzählten auf ihren Fahrten den Menschen davon. Auch die Inkas in Südamerika lernten es. Die Spanier brachten es von dort mit nach Europa.
Im pferdebegeisterten England spielt man es auch mit Hufeisen. Sie werden um massive Zielpflöcke geworfen.
In Schottland gibt es sogar richtige Rinkinkel-Vereine.
Auch heute noch finden sich auf jeder Kirmes Wurfbuden, in denen man das Rinkinkel-Spiel betreiben kann. Nur heißt es dort nicht so. Zwar ist diese früher sehr beliebte Art, einen wertvollen Preis durch die eigene Geschicklichkeit zu erringen, seltener geworden, aber es gibt sie immer noch. Auf einem großen runden Tisch in der Mitte der Bude sind viele verschiedene Gegenstände wie z. B. Vasen, Flaschen, Puppen aufgebaut. Einen Holz- oder Plastikring muß man nun so werfen, daß er sich über einen Gegenstand legt, den man dann als Gewinn erhält. Es sieht einfach aus, ist aber ganz schön schwierig.
Unser Rinkinkelspiel funktioniert fast genauso:
Jeder Spieler hat drei Ringe und steht etwa 5 Meter von dem „Spielbrett“ entfernt. Nun versuchen die Spieler abwechselnd, ihre Ringe über die Stäbe zu werfen. Sind alle Ringe geworfen, werden die Treffer gezählt und aufgeschrieben. Dabei zählt Rot 3 Punkte, Gelb 2 und Blau 1 Punkt. Wer die meisten Punkte erzielt, hat gewonnen. Könner werfen ihre Ringe nach den roten Stäben!

MATERIAL: EINE
GEHOBELTE DACHLATTE (5cm x 2cm)
ca 210 cm LANG,
6 RUNDSTÄBE ca 1 METER LANG Ø 14 mm
12 PAPIERWATTEKUGELN Ø 5 cm
3 GEWINDESCHRAUBEN MIT FLÜGELMUTTERN
5 cm LANG Ø 5 mm,
FARBIGES KLEBEBAND *
SÄGE, BOHRMASCHINE,
- BOHRER Ø 14 mm UND Ø 5 mm -
TASCHENMESSER, LEIM, BUNTE LACKFARBEN
ODER PLAKAFARBEN UND KLARLACK - PINSEL *
FARBIGE PLASTIKRINGE Ø 15 cm

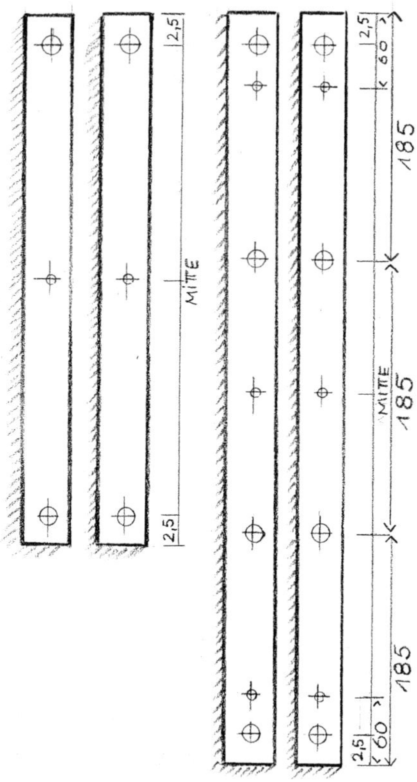

1. Säge die Dachlatten in vier Stücke von 2 x je 60 cm und 2 x je 43 cm.
2. Messe die Mitte der Latten aus und bohre in jede ein Loch Ø 5 mm.
3. Messe 6 cm von jedem Ende der zwei 60 cm Latten ab und bohre ein Loch von Ø 5 mm.
4. Messe nun von jedem Ende aller Latten 2,5 cm ab und bohre ein Loch Ø 14 mm - etwa 1 cm tief. Bei den zwei 60 cm Latten in einem Abstand von 18,5 cm je 2 weitere Löcher Ø 14 mm.
5. Bohre bei den 60 cm Latten 6 cm von jedem Ende entfernt je ein Loch Ø 5 mm.

---

1. Säge die Rundstäbe in je vier Stäbe mit den Längen: 51 cm, 41 cm, 31 cm.
2. Leime auf jeden Stab eine Papierwattekugel.
3. Bemale alle Teile und wickle um die Stäbe farbiges Tesaband.
4. Verschraube die Latten miteinander, stecke die Stäbe in die Löcher FERTIG!

Das RINKINKELSPIEL läßt sich verstellen, auseinandernehmen und alle Stäbe sind austauschbar. Es verändert sich jedesmal und damit der Schwierigkeitsgrad.

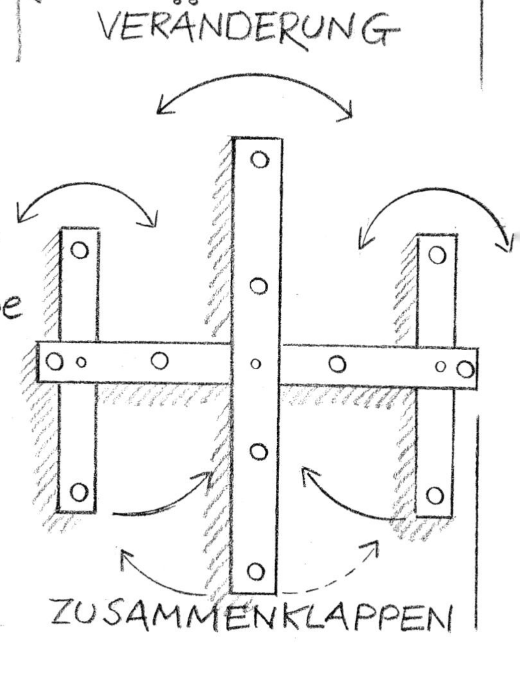

SO SIEHT DAS ZUSAMMEN-GEBAUTE SPIEL AUS !!

Die Negerkuß-Schleuder

Weißer, süßer Eierschnee, aufgetürmt auf einer Waffel und mit glänzender brauner Schokolade überzogen – das ist ein Negerkuß, eine Köstlichkeit, nicht nur für Kinder. Einen Negerkuß zwischen zwei Brötchenhälften bezeichnet man als Fortuna-Brötchen. Aber was ist eine Negerkuß-Schleuder? Ganz einfach, es ist eine Schleuder, die Negerküsse meterweit durch die Luft fliegen läßt.

Der große Trick besteht darin, daß sie nicht von dir weg fliegen, sondern auf dich zu. Aufgepaßt! Sie müssen mit der Hand aufgefangen werden, und das ist nicht leicht. Ein Negerkuß sieht sehr stabil aus, er fliegt auch gut, aber wer ihn fassen will, muß noch viel behutsamer zugreifen als bei einem rohen Ei.

Das Spiel geht so: Du nimmst einen Ball und wirfst ihn auf die Zielscheibe der Negerkuß-Schleuder. Wenn du triffst, kommt als Belohnung der Negerkuß geflogen. Du mußt ihn fangen und kannst ihn dann aufessen. Gelingt es dir nicht, ihn zu fangen, oder packst du zu fest zu, kannst du selbst erleben, welch luftiges Gebilde so ein Negerkuß oder Mohrenkopf ist.

Es lohnt sich, eine Negerkuß-Schleuder zu basteln, denn sie wird nicht nur der Mittelpunkt auf Kinderfesten sein, sondern auch Erwachsenen bei Sommer- und Gartenpartys großen Spaß machen.

MATERIAL:

A 1 GEHOBELTE DACHLATTE: 1,10 METER LANG, 2 CM BREIT, 4,5 CM HOCH
B 1 G. DACHLATTE: 1 METER LANG
C 1 G. DACHLATTE: 80 CM LANG,
D 1 G. DACHLATTE: 50 CM LANG,
E 1 G. BALKEN: 90 CM LANG, 8 CM BREIT, 6 CM HOCH
F 2 G. BALKEN: 50 CM LANG, 5,5 CM BREIT, 3,5 CM HOCH
G 1 BRETTCHEN: 20 CM x 15 CM
H 1 BRETTCHEN: 15 CM x 6 CM
I 1 SCHARNIER ETWA 4 CM BREIT, 16 UNTERLEGSCHEIBEN
J 1 GEWINDESCHRAUBE MIT FLÜGELMUTTER 16 CM LANG
K 2 GEWINDESCHRAUBEN MIT FLÜGELMUTTER 12 CM LANG
L 4 GEWINDESCHRAUBEN MIT FLÜGELMUTTER 3 CM LANG
M 9 HOLZSCHRAUBEN 6 CM LANG, 7 TÜRSTOPPER, LACK- ODER PLAKA FARBE UND KLARLACK * PINSEL, BOHRMASCHINE, SCHRAUBENDREHER, HAMMER, NÄGEL, 5 OFFENE ÖSENSCHRAUBEN, 1 GUMMISEIL MIT HAKEN (AUTOZUBEHÖR) *

TÜRSTOPPER

1. Schraube an den Balken E von beiden Seiten mittig die Balken F fest (Löcher vorbohren / Schrauben M).
2. Befestige mit den Schrauben J die Dachlatten C+D an dem Balken E.
3. Säge in B eine Kerbe - 2 cm tief und 5 cm hoch, 35 cm von einem Ende entfernt. Bohre in dieses Ende Löcher für das Scharnier, nagele das Brettchen G an das gegenüber liegende Ende.
4. Schraube das Scharnier an den Balken E (an das Ende, an dem die Latte D ist (mit den Schrauben M)
5. Befestige die Latte B mit den Schrauben L an dem Scharnier.
6. Mit der Schraube J wird die Latte A zwischen die Balken F "gehängt".
7. Das Brettchen H wird auf das eine Ende (s. Abb.) genagelt.
8. Drehe die Ösenschrauben in die Latte A und den Balken B (s. Abb.).
9. Schraube die Türstopper fest (s. Abb).
10. Hänge den Gummizug ein und klemme die Latte A in die Kerbe von Latte B. FERTIG

Allgemein: Wie weit der Negerkuß fliegen soll, kannst du selbst bestimmen. Du mußt den Gummizug nur strammer einhaken.

Der Negerkuß wird bei gespannter Schleuder auf das Brettchen H gelegt.

Mit einem Ball muß das Brettchen G getroffen werden. Dann fällt die Latte B nach hinten und die Latte A rutscht aus der Kerbe. DER KUß KOMMT GEFLOGEN !!!

Die Flügelschrauben ermöglichen einen platzsparenden Transport von Fest zu Fest.

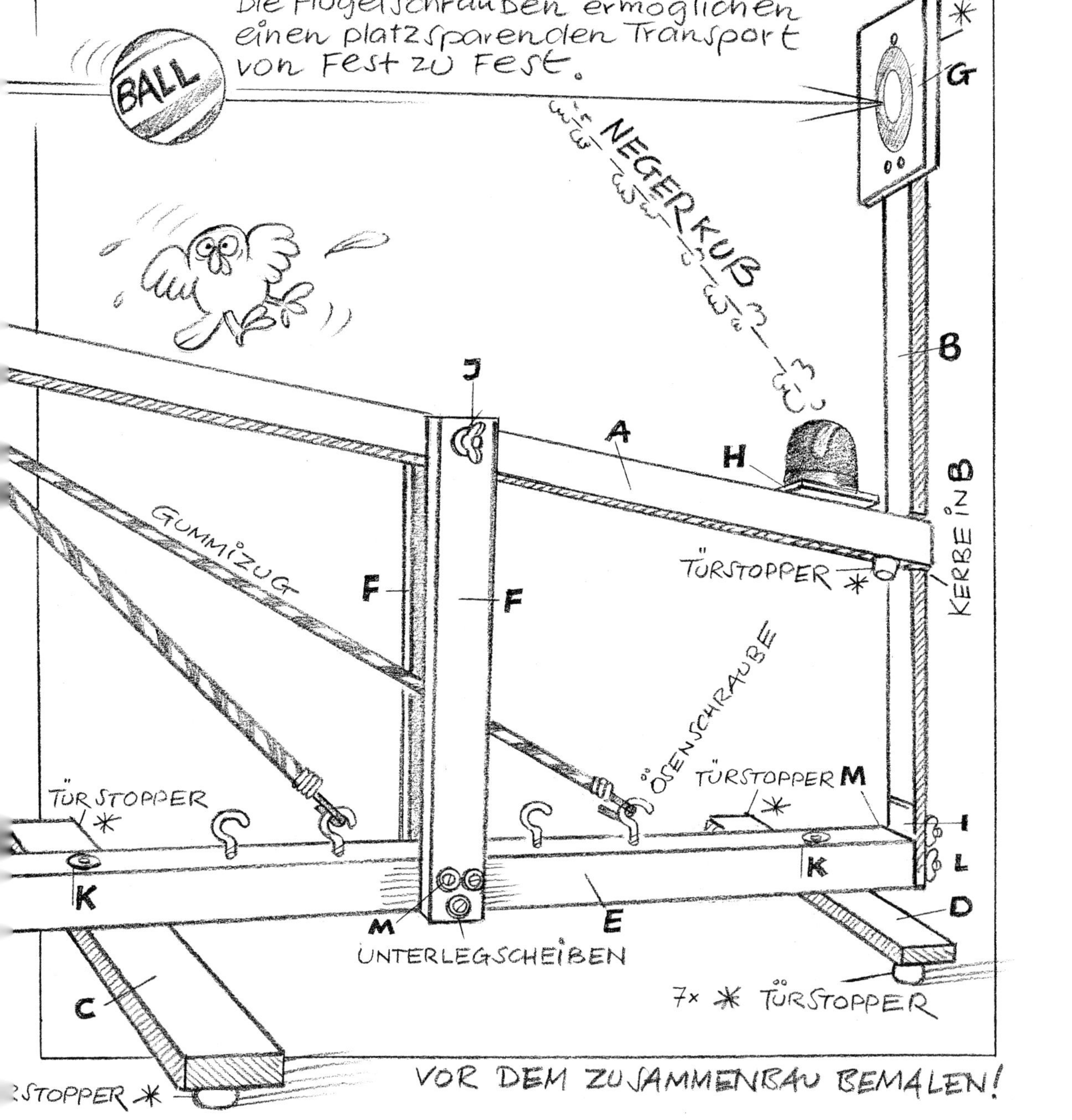

VOR DEM ZUSAMMENBAU BEMALEN!

Pelele – die Strohpuppe

Pelele ist der Name eines alten Gesellschaftsspiels aus Spanien. Genauso heißt auch die Strohpuppe, die man dafür braucht. Sie wird mit einem Tuch hoch in die Luft geschleudert, aufgefangen und wieder hoch geworfen. Die sonderbaren Verrenkungen der Puppe, während sie in der Luft ist, wirken drollig und bringen alle zum Lachen.
In England heißt es Tuchwerfen. In Italien ist es ein alter Brauch und wird im Karneval gespielt. Man begrüßt den Frühling, indem man den Winter in Form der Puppe in die Luft wirft.
Die Eskimos betrachten es als Sport. Sie schleudern statt einer Puppe einen Mitspieler bis zu sechs Meter hoch in die Luft.
Er muß versuchen mitzuspringen und darf nicht umfallen.
Wahrscheinlich hat sich aus diesem Spiel das Trampolin entwickelt.

Pelele macht im Freien am meisten Spaß. Ein altes Bettuch wird auf dem Boden ausgebreitet und die Puppe darauf gelegt. Dann fassen die Spieler die Zipfel des Bettuches und werfen die Puppe hoch in die Luft. Gibt es mehrere Gruppen und Strohpuppen, gewinnt die Gruppe, die den Pelele am höchsten schleudert.
Ein tolles Spiel für Kindergeburtstage.
Wie man einen Pelele bastelt?
Du nähst ein altes Hemd an eine alte Hose, an die Hosenbeine alte Socken und an die Ärmel alte Handschuhe. Wenn du keine hast, binde die Ärmel einfach zu. Stopfe die Kleidung mit Stroh oder Zeitungspapier aus. Fülle einen kleinen weißen Kopfkissenbezug mit Stroh oder Zeitungspapier und nähe ihn in den Hemdenhals. Male ein Gesicht auf das Kissen und setze Haare aus Stoffstreifen oder einen zerbeulten Hut auf den Kopf.
Hoch lebe Pelele!

CIP-Titelaufnahme der Deutschen Bibliothek

Lemke, Stefan:
basteln, lachen, selbermachen / Stefan Lemke. –
Stuttgart; Wien: Thienemann, 1989
ISBN 3-522-16340-0

Idee, Konzeption, Bastelarbeiten, Fotos, Illustrationen,
Texte und Gesamtgestaltung: Stefan Lemke, Düsseldorf
Mitarbeit: Birgit Bock, Düsseldorf
Redaktion: Katharina Georgi, Stuttgart
Herstellung: Ulla Schaub, Stuttgart

Konzeption & Fotos „Rollende Kunstwerke":
AKKI-Christoph Honig & Peter Rams, Düsseldorf

Sollte die eine oder andere Bastelarbeit nicht funktionieren, ist es nicht das Verschulden des Autors.
Er haftet auch nicht für blaue Daumen, steht aber auf
Anfrage gerne Rede und Antwort und hilft weiter.

Satz: Steffen Hahn, Kornwestheim
Reproduktion: die repro, Tamm
Druck: Aumüller, Regensburg
Bindung: Göttermann, Aßling

5 4 3 2 1